BIENVENIDO A
IRLANDA

Sneem.

En el extremo occidental de Europa, la orgullosa Isla Esmeralda parece librar una batalla perpetua contra los elementos. Azotada por el viento y la lluvia, la tierra de Irlanda emerge hierática del agua para revelar su naturaleza en bruto. Insolente y salvaje, nada parece haber cedido a la mano del hombre. Salpicada de verdes praderas que se precipitan al mar, páramos hostiles, con bosques encantados y lagos fantasmagóricos, el entorno de la isla es incuestionablemente libre, una descripción que retrata a la perfección a un pueblo que ha trabajado durante siglos para construir su libertad. La historia irlandesa, más que en ningún otro lugar, está grabada en piedra. La atmósfera y los espejismos del pasado son recuerdos de una historia dolorosa: los guetos de Belfast, los muelles de Dublín, el infierno de Connemara... Asolada por sucesivas hambrunas en el siglo XIX, mantenida bajo el yugo inglés y partida en dos en 1921, Irlanda parece marcada por el sello del dolor. Mientras la Erin verde ha salido del caos financiero para convertirse en un socio económico esencial en la zona euro, su hermana pequeña del norte, tras décadas de conversaciones y treguas frustradas, camina ahora con paso seguro por la senda de la paz. Litros de Guinness, canciones celtas ancestrales, pelirrojos, un frenético partido de hurling... los isleños hacen todo lo posible para que la gente descubra y aprecie esta grandiosa tierra que tanto aprecian. Por mucho que se resista, ¡caerá rendido en cuanto cruce la puerta de un pub! Calidez y hospitalidad son las consignas de esta embriagadora isla al borde de Europa.

AF276504

Carnero en la campiña irlandesa.

Acantilados de Moher.

ÍNDICE

■ DESCUBRE ■

■ VISITA ■

■ INFO PRÁCTICA ■

GRATIS ESTA GUÍA EN FORMATO DIGITAL
Código de descarga en la página 93

IRLANDA

MAR DE IRLANDA

IRLANDA DEL NORTE

ULSTER

CONNAUGHT

Bangor
Larne
Cabo Hair
Ballycastle
Ballymoney
Coleraine
Ballymena
Bann
Limavady
Carndonagh
Londonderry
Buncrana
Cabo Malin
Giant's Causeway
Lago Neagh
BELFAST
Lisburn
Newcastle
Banbridge
Newry
Bahía de Dundalk
Drogheda
Armagh
Monaghan
Dundalk
Kells
Dungannon
Omagh
Lago Erne Superior
Enniskillen
Cavan
Virginia
Lago Sheelin
Mullingar
Letterkenny
Strabane
Lago Erne
Donegal
Ballyshannon
Bundoran
Sligo
Collooney
Boyle
Lago Allen
Lago Ree
Longford
Milford
Dunglow
Glenties
Dunkineely
Kilcar
Bahía de Donegal
Suck
Claremorris
Ballina
Castlebar
Cong
Lago Corrib
Mullingar
Bahía de Killala
Lago Conn
Westport
Bahía de Clew
Lago Mask
Kylemore
Oughterard
Belmullet
Isla Achill
Cleggan
Clifden
Bahía de Blacksod
Inishbofin

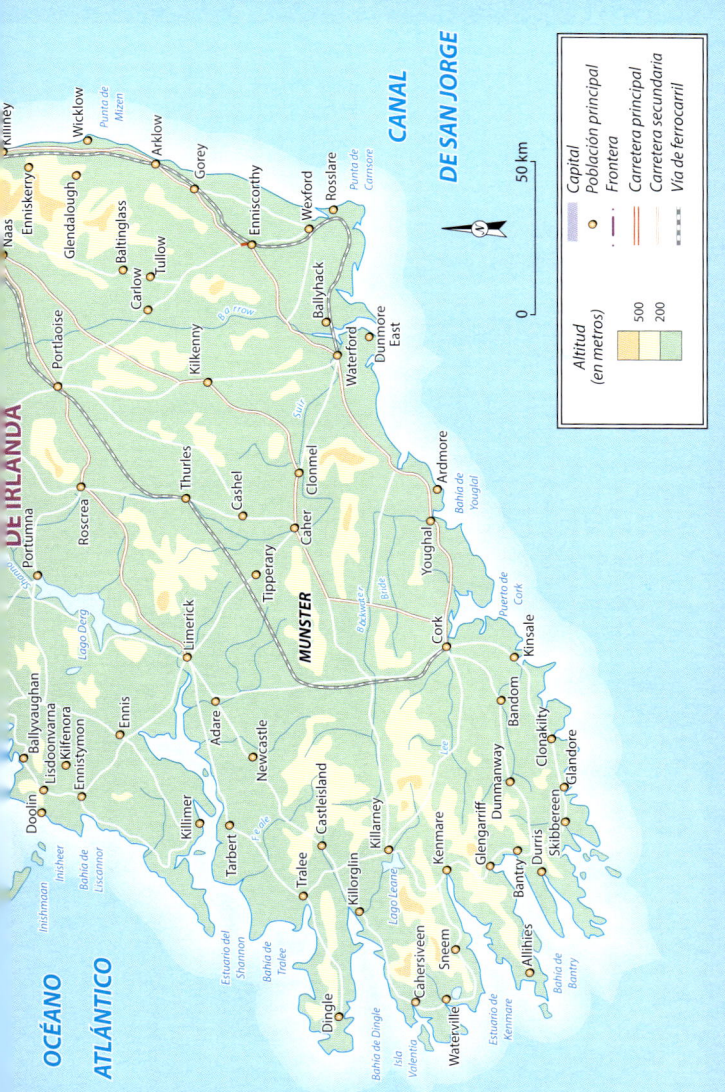

Acantilados de Moher.

DESCUBRE

LO MÁS DESTACADO DE IRLANDA

La naturaleza salvaje

Cuando uno piensa en Irlanda, se imagina paisajes salvajes y verdes barridos por el viento y la lluvia, acantilados espectaculares, mar hasta donde alcanza la vista, lagos, montañas... Naturaleza en estado puro. Obviamente, todo esto es cierto. Los magníficos paisajes irlandeses no defraudan y, además, constituyen el telón de fondo ideal para hermosos paseos a pie o en bicicleta. Irlanda cuenta con numerosos parques nacionales y, para ser un país pequeño, la diversidad de paisajes es asombrosa.

Un pueblo acogedor

A riesgo de repetir algo trillado, no deja de ser cierto que la hospitalidad de la población local marca la diferencia y le garantizará una estancia de lo más agradable. Siempre encontrará a alguien que se ofrezca a ayudarle, aconsejarle sobre su itinerario o simplemente entablar una conversación. Los irlandeses aman su país y quieren que los visitantes también lo hagan. Y lo consiguen...

Una historia milenaria

Irlanda está habitada desde aproximadamente el 6000 a. C. Los yacimientos de la Edad de Piedra que salpican la isla son los más importantes del mundo. La historia de este país es fascinante, rica y aún muy viva. Vaya donde vaya, encontrará vestigios de este rico pasado: yacimientos prehistóricos, ruinas celtas, abadías medievales, castillos y mucho

Castillo de Dublín.

DESCUBRE

Colina de Tara.

más. Son tantos que un solo viaje no basta para descubrir toda su historia. Y si la historia fascina, los vestigios sorprenden por su cantidad, pero sobre todo por su conservación. Aún intactos, los monumentos dan vida a la milenaria historia de Irlanda.

Las tradiciones vivas

Entre las tradiciones irlandesas destacan el día de Saint Patrick's (San Patricio) y Halloween, que se exportan más allá de las fronteras. Pero también están la música y la danza irlandesas: el canto y la danza se practican en todas las regiones. En esta tierra de mitos y leyendas, la tradición se sigue transmitiendo oralmente. Pobladas de duendes, hadas, brujas, fantasmas, gigantes y otros personajes legendarios, las historias son heroicas y cautivadoras. En muchos lugares, sobre todo en las islas pequeñas, se sumergirá en un mundo donde el tiempo parece haberse detenido. Un mundo en el que las costumbres ances-

trales y la lengua irlandesas siguen muy vivas. La tradición también pervive en y a través de la lengua irlandesa, que todo el mundo aprende en la escuela. La palabra *Gaeltacht* hace referencia a las regiones donde el gaélico es la primera lengua hablada en el hogar. Irlanda es una tierra de costumbres y tradiciones perdurables.

La preciosa Irlanda del Norte

Tampoco se puede pasar por alto el atractivo turístico de Irlanda del Norte. Tras una violenta historia política, esta nación del Reino Unido ha avanzado recientemente hacia la paz y la convivencia, y algunas ciudades, como Derry o Belfast, viven un auténtico renacimiento. La costa de Antrim, al norte de Belfast, es uno de los recorridos más bellos de Irlanda, la Calzada de Gigantes (Giant's Causeway) es una maravilla geológica y Armagh, capital espiritual del país desde hace 1500 años, bien merece una visita.

FICHA TÉCNICA

País

- **Nombre oficial:** República de Irlanda.
- **Capital:** Dublín.
- **Superficie:** 70 273 km².
- **Lenguas:** irlandés e inglés.

Población

- **Población**: aproximadamente 5,2 millones (2024).
- **Densidad**: 74 habitantes/km².
- **Crecimiento demográfico**: 1,09 %.
- **Esperanza de vida**: 82,2 años.

- **Religiones:** católica (78,3 %), Iglesia de Irlanda (incluye protestantes, 3,8 %), cristiana, ortodoxa (2,9 %), musulmana (1,4 %).

Economía

- **Moneda:** En la República de Irlanda, la unidad monetaria es el euro (€). En Irlanda del Norte, la unidad monetaria es la libra esterlina (£), normalmente abreviada como *pound*.
- **PIB**: 504 620 millones de dólares (2023).
- **PIB per cápita**: 107 000 dólares (2023).

Joven con los colores de la bandera irlandesa en Dublín.

LA BANDERA IRLANDESA

Fuertemente inspirada en la Revolución Francesa, la bandera tricolor no fue adoptada oficialmente hasta 1937 por la nueva Constitución irlandesa. La bandera pretende ser un símbolo de reconciliación, con el verde del movimiento católico de liberación nacional, el blanco de la paz y el naranja del protestantismo de la Casa de Orange.

Irlanda del Norte no tiene bandera propia desde 1973, la *Union Jack* luce en los frontones de los edificios administrativos. Aunque los aficionados al fútbol siguen utilizando el *Ulster Banner* (1953-1973): una cruz roja sobre fondo blanco con una estrella blanca de seis puntas en el centro (por los seis condados de Irlanda del Norte) y la *Ulster Hand*.

DESCUBRE

- **Tasa de crecimiento**: -1,5 % (2023).
- **Tasa de desempleo**: 3,8 % (2024).

Huso horario

La diferencia horaria es de una hora. Cuando en Dublín son las 8 h, en Madrid son las 9 h.

Clima

El clima es agradable y templado. En otoño, las temperaturas rondan los 10 °C. Los inviernos son, con excepciones, bastante suaves, con temperaturas que oscilan entre los 3 y los 8 °C. Las primaveras pueden ser bastante frescas. Los veranos suelen ser templados, con temperaturas que rara vez superan los 20 °C. El tiempo es bueno cuando no llueve. Un consejo de amigo para sus visitas turísticas: no se deje nunca el paraguas o el impermeable, ya que los chubascos pueden ser imprevisibles (y muy frecuentes) en cualquier época del año. Aun así, el sol puede brillar cinco minutos después.

Cork

Enero	Febrero	Marzo	Abril	Mayo	Junio	Julio	Agosto	Sept.	Octubre	Nov.	Dic.
2°/ 9°	3°/ 9°	4°/ 11°	5°/ 13°	7°/ 16°	10°/ 19°	12°/ 20°	12°/ 20°	10°/ 18°	7°/ 14°	4°/ 11°	3°/ 9°

Dublín

Enero	Febrero	Marzo	Abril	Mayo	Junio	Julio	Agosto	Sept.	Octubre	Nov.	Dic.
1°/ 8°	2°/ 8°	3°/ 10°	4°/ 13°	6°/ 15°	9°/ 18°	11°/ 20°	11°/ 19°	9°/ 17°	6°/ 14°	4°/ 10°	3°/ 8°

IRLANDA EN 10 PALABRAS

Cerveza

Es la bebida favorita de los irlandeses. La más famosa es la cerveza negra (*stout*) de Dublín: la Guinness (o su equivalente de Cork, la Murphy's). También hay cervezas rubias (*lager*) como Harp (producida por Guinness) y rojas (*bitter*) como Smithwicks (pronunciado «smithik's»). Se puede pedir una pinta de cerveza (570 ml) o, si no se atreve, media pinta.

▶ **Guinness, una cerveza legendaria.** Guinness es la bebida emblemática de la isla ¡y también la más consumida! Esta ha adoptado incluso el arpa de Brian Boru como emblema, al igual que el Estado irlandés.

© LJMTPHOTOGRAPHY – SHUTTERSTOCK.COM

Cerveza Guinness, símbolo del país.

Buskers

Músicos callejeros. En las ciudades irlandesas como Dublín o Galway, se puede escuchar a músicos de todos los estilos tocando en la calle. La mayoría de las veces no se trata de mendigos, sino de artistas o estudiantes de calidad que buscan recaudar unas monedas para tomarse algo.

Celtas

Según las tiendas de turismo, la única razón para venir a Irlanda es reencontrarse con la historia de los celtas, los vikingos y otros bárbaros. Es cierto que la historia celta, con la llegada de los gaélicos, es fascinante, pero aunque el gaélico y todo lo irlandés tienen un origen celta, es el conjunto de su historia la que hace de Irlanda lo que es hoy.

España, y principalmente Galicia y Asturias, guardan una relación muy especial con Irlanda debido a su pasado celta: costumbres, tradiciones, música… De hecho algunos pueblos están hermanados con otros irlandeses, como Corcubión y Ashbourne.

Connemara

Esta región es una de las favoritas de los turistas gracias a su entorno natural virgen que combina páramos, turberas, pantanos y lagos. A pesar de su clima muy húmedo, este rincón de Irlanda es

Parque Nacional de Connemara.

un paraíso para los senderistas. Los paisajes dan tal impresión de inmensidad que una carretera ha sido apodada la «Carretera del cielo».

Iglesias

Sean católicas o protestantes, su papel es fundamental. Para comprobarlo, basta con pasear por la ciudad un domingo por la mañana, no hay nadie. Sin embargo, la mayoría de las actividades se reanudan después de misa. El peso de la Iglesia en la vida cotidiana es decisivo, aunque las nuevas generaciones estén cada vez más alejadas de ella. La iglesia más increíble es sin duda la basílica de Knock, que puede acoger a más de 10 000 fieles venidos de todo el mundo.

Gaeltacht

Los Gaeltacht son las regiones de Irlanda donde el gaélico es la lengua común. Se encuentran sobre todo en el oeste, alrededor de Galway, pero hay otras en los condados de Kerry y Cork; así como en Rath Cair, en el condado de Meath, en el centro de la isla; en el condado de Waterford, en la costa este, y en la región de Rosses, en el norte del país (además, en esta región, de la que Dungloe es la principal ciudad, las indicaciones han dejado de ser bilingües, al igual que muchas señales). Se calcula que 80 000 personas hablan gaélico, y esta cifra no deja de crecer gracias a un renovado interés por la lengua.

Patrimonio

Una palabra clave en la Irlanda contemporánea. A los visitantes del país les llamará la atención el número de organizaciones que se ofrecen a rastrear las raíces familiares de los antepasados hasta el principio de la historia. Obviamente, este tipo de servicio es especialmente popular entre los turistas estadounidenses que vienen a Irlanda tras las huellas de sus antepasados. Además, cada vez hay más parques conocidos como «Heritage Centre», cuya función es recrear las principales etapas de la cultura irlandesa, desde el Neolítico hasta el siglo XIX.

© STOCKSHARES – ISTOCKPHOTO.COM

Leprechaun

He aquí un extraño personaje muy querido en Irlanda. Es fácil encontrar objetos relacionados con él en las tiendas de recuerdos o en los desfiles del día de Saint Patrick's. El *leprechaun* es una pequeña criatura, especie de duende, representado como un ancianito barbudo, pelirrojo, vestido de verde y que lleva un trébol de cuatro hojas. Es zapatero. Se dice que tiene un tesoro: una olla llena de oro. Sarcástico, no le gusta que le molesten y se mueve muy deprisa para evitar que le vean. Según cuentan, creó el arcoíris para escapar, una distracción útil, pues, si es visto, debe guiar al testigo hasta su tesoro. Así que si lo ve, no le quite los ojos de encima, porque cada vez que aparte la mirada o pestañee, él desaparece.

Lluvia

No, no es una idea preconcebida, en Irlanda llueve mucho y varias veces al día. Incluso puede llover sin parar durante un día entero, y los cielos bajos, pesados y oscuros pueden resultar desagradables a primera vista. Sin embargo, Irlanda se conoce cuando llueve, refugiándose en pubs, museos y otros lugares resguardados. En cualquier caso, salga siempre cubierto y esté preparado: los paraguas y los chubasqueros deben formar parte de su equipaje.

Religión

Es la piedra angular de la sociedad irlandesa, sobre todo porque las dos confesiones están territorialmente mezcladas. La República de Irlanda, casi un 80 % católica, alberga enclaves protestantes solo en Dublín. En Irlanda del Norte, la mayoría protestante, deseosa de seguir vinculada a Gran Bretaña, vive bajo la presión de la minoría católica.

Mientras que la influencia de las dos confesiones domina cuando se trata de cuestiones morales, la pertenencia a una u otra inflama las cuestiones políticas.

PINCELADAS SOBRE IRLANDA

Geografía

La isla está situada en el extremo más occidental de Europa. Se extiende 275 km desde Howth Head, en la costa este, hasta Slyne Head, en la costa oeste, y 486 km desde Malin Head, en la costa norte, hasta Mizen Head, en la costa sur. Tiene una superficie total de 70 273 km² y cuenta con 1448 kilómetros de costa. La capital, Dublín, está situada en la costa este, a orillas del mar de Irlanda, al final de una bahía semicircular en la que desemboca el río Liffey. Irlanda está formada por cuatro provincias: Ulster (que comprende Irlanda del Norte), Connacht, Munster y Leinster. Cada provincia se divide en condados. Hay 32 en la isla.

Clima

El clima, de influencia oceánica, es relativamente suave durante todo el año y, sobre todo, muy húmedo. Constantemente sometida a los vientos, que le confieren sus cielos cambiantes, y bajo los efectos suavizantes de la corriente del Golfo, la isla goza de un clima bastante agradable. Aunque recuerde que, incluso en verano, las temperaturas rara vez superan los 25 °C y los chubascos son frecuentes. Con una media de 5 °C en invierno y 15 °C en verano, llueve alrededor de doscientos días al año. El tiempo puede cambiar en unas pocas horas, tanto que a veces se tiene la sensación de haber pasado por las cuatro estaciones del año en un solo día. Por eso hay que llevar siempre ropa de lluvia. Sin embargo, el clima en el este es más suave que en otras partes del país y el verano es más cálido.

Medioambiente

Irlanda fascina por la belleza de sus espacios naturales, sus paisajes de páramos entre mar y montaña, que evocan leyendas y cuentos de hadas. Sin embargo, tras la imagen de postal se esconde una realidad medioambiental más dura. El país es uno de los mayores consumidores de plástico de Europa y aún tiene dificultades para gestionar sus

© M. VILARET – SHUTTERSTOCK.COM

Anillo de Skellig.

residuos, así como con el tratamiento y la depuración de las aguas. Irlanda es también uno de los países europeos menos avanzados en la lucha contra el cambio climático, pese a ser vulnerable a sus efectos, por ejemplo a los fenómenos extremos o a la subida del nivel del mar. La opción de la reforestación con monocultivos de abeto está resultando poco atractiva tanto en términos de biodiversidad como de almacenamiento de carbono. El país sigue dependiendo en gran medida de los combustibles fósiles. No obstante, hay algunas iniciativas interesantes, sobre todo en el sector del transporte.

Flora y fauna

Fauna

En Irlanda, la naturaleza está en todas partes, incluso en el corazón de Dublín, donde encontrará garzas y cisnes en los canales y junto al mar. En el resto del país, los verdes paisajes irlandeses albergan sobre todo zorros y tejones, aunque es relativamente improbable que vea alguno. En cambio, es posible que vea liebres, erizos, ardillas o incluso ciervos.

A lo largo de la costa, es probable que vea delfines y focas que los niños ya conocen, como en Dingle y Howth. Las ballenas grises y jorobadas pueden contemplarse desde observatorios o en excursiones en barco.

Tanto si es un principiante como un entusiasta de la ornitología, le encantará observar pájaros en Irlanda. Muchas aves migratorias encuentran refugio y pasan aquí el invierno, al igual que los gansos salvajes, ya que la humedad de la isla es ideal para la avifauna. Irlanda cuenta con más de 55 observatorios de aves, que organizan regularmente excursiones ornitológicas. Se pueden observar al menos trescientas especies de aves. Gaviotas, alcatraces, cormoranes y otras aves marinas pueden verse a lo largo de la costa, con los acantilados como refugio. Las chovas

Tierna estampa en el Parque Nacional de Killarney.

© PATRYK KOSMIDER – SHUTTERSTOCK.COM

CALZADA DEL GIGANTE (THE GIANT'S CAUSEWAY)

En la costa de Antrim, Irlanda del Norte, la Calzada del Gigante es una espectacular atracción turística natural. Está formada por unas 40 000 piedras de basalto unidas en columnas. Esta particular forma es el resultado de una erupción que tuvo lugar hace sesenta millones de años. Cuando la lava se precipitó al mar se enfrió rápida e irregularmente, produciendo unas grietas geométricas. Estas piedras son todas de diferentes tamaños, pero tienen la particularidad de ser todas hexagonales, lo que da un aspecto de espacio pavimentado.

Los lugareños han asociado una leyenda a este fenómeno geológico. Se dice que la Calzada de los Gigantes es obra de Finn McCool, un gigante, jefe de un clan irlandés, que vivía en la ladera de una montaña. Este construyó la calzada para desafiar a su homólogo escocés del otro lado del mar, pero cuando Finn vio la imponente estatura de su rival, se asustó y buscó una artimaña para mantener a raya al gigante escocés Benandonner. Así que le pidió a su esposa Oonagh que lo disfrazara de bebé recién nacido. Ella presentó el niño a Benandonner cuando este llegó a la isla. Al ver el tamaño del bebé e imaginar el del padre, el gigante escocés se asustó y regresó a Escocia, cuidando de destruir parte de la calzada que unía ambos países.

DESCUBRE

piquirrojas (una rara especie de cuervo con el pico y las patas de color rojo brillante) pueden verse a veces en las dunas de la costa occidental. En las montañas de Connemara, pequeñas aves como la moscareta se refugian en los afloramientos rocosos y en las montañas de Wicklow, cerca de Dublín, pueden verse muchos cuervos. En el interior también pueden contemplarse poblaciones de cisnes, garzas, halcones peregrinos y águilas reales (recientemente restablecidas).

Flora

Cuando uno piensa en Irlanda, piensa en paisajes fantásticos. Desde su llegada, se verá inmerso en verdes praderas durante todo el año. Sea cual sea el color del cielo, no se equivoque, la isla no es solo una inmensa pradera. El omnipresente forraje no impide que crezcan aliagas y brezos en las montañas y en las mesetas rocosas y calizas del Burren. En esta región, le sorprenderá la flora ártica y mediterránea. Atravesará pocos bosques maduros, sino zonas jóvenes reforestadas a principios del siglo XXI. Es vital proteger las turberas de Irlanda y repoblar los bosques con árboles endémicos, sin olvidar que la flora y la fauna interactúan. También es necesario definir una política medioambiental eficaz que implique a toda la gente para cumplir el compromiso 2050 en lo que respecta a la neutralidad de carbono.

HISTORIA

La Irlanda prehistórica

Los arqueólogos datan la aparición tardía del hombre en Irlanda en torno al 7000 a. C. (período Mesolítico). Diversas poblaciones procedentes de Escocia se asentaron en el noreste del país, a orillas de Lough Neagh y del río Bann, donde se han encontrado algunos cuchillos de sílex.

Irlanda celta

No existe una fecha establecida para la llegada de los gaélicos, un pueblo celta. Según algunos arqueólogos e historiadores, los gaélicos solo llegaron a Irlanda 150 años antes de Cristo, para mezclarse con otras poblaciones celtas ya presentes en el territorio (hijos de Partholon, hijos de Nomed, Fir Bolg, Thuatha De Dannan). Otros creen que la llegada de los gaélicos data del siglo XIII a. C., hipótesis que parece apoyarse en las similitudes entre el arte megalítico y el arte celta. Como Irlanda no fue conquistada ni por los romanos ni por los germanos, las poblaciones celtas pudieron imponer su cultura y sus instituciones sin demasiadas dificultades y desarrollarlas a lo largo de varios siglos. Los textos celtas conservados por los monjes irlandeses nos dicen que en aquella época (entre los siglos IV y I a. C.) la sociedad se organizaba en torno a estas tres funciones: sacerdotal, productiva y guerrera. Los druidas, a los que se suponía capaces de comunicarse con el más allá, ocupaban un lugar muy importante en la sociedad, ya que se les consideraba los intermediarios entre el mundo divino y los humanos. Políticamente, la isla estaba dividida en 150 pequeños reinos, los *tuatha,* muy jerarquizados. En la cúspide, un rey (*ri*), los nobles (incluidos druidas y los hombres de ciencia), luego los hombres libres y los siervos. Algunos reyes tuvieron más éxito que otros a la hora de imponerse como reyes provinciales; el título de alto rey (*ard ri*) no apareció hasta más tarde. Las poblaciones gaélicas lograron establecer una cultura que seguiría predominando hasta las invasiones escandinavas del siglo IX.

La evangelización de Irlanda

Según la tradición, san Patricio, el gran pastor de Irlanda, desembarcó en la isla en el año 432, y le dio su identidad cristiana en el espacio de unos treinta años. San Patricio, capturado por piratas irlandeses hacia el año 430, cuidó ovejas durante varios años en el condado de Antrim. Tras su huida, una aparición le empujó a evangelizar a los habitantes. Se dice que consiguió convertir a varios reyes. Sin embargo, el propio san Patricio, en su confesión, no se presenta como el único apóstol de Irlanda. De hecho, convertir al cristianismo un país como Irlanda no fue tarea fácil, ya que las poblaciones autóctonas tenían sus propias creencias y cultos. No obstante, eran curiosos y abiertos de mente, y el cristianismo supo dar cabida a las prácticas más antiguas. Se cuenta que san Patricio consiguió convertir a una pequeña parte del norte de la isla y que el resto de la población recibió la influencia de obispos y eruditos del continente. Durante las invasiones bárbaras de la Galia, estos últimos huyeron a regiones más aisladas para difundir sus conocimientos.

Invasiones anglo-normandas

Irlanda, sin embargo, seguía muy dividida y sujeta a conflictos internos. En los 150 años que siguieron a la batalla de Clontarf, el país quedó asolado, con tres familias rivales disputándose el trono: los O'Brien de Munster (descendientes de Brian Boru), los O'Neill de Ulster y los O'Connor de Connaught (Connacht). A raíz de este desorden político, el rey Enrique II de Inglaterra (1133-1189), con el apoyo del papa Adriano IV, decidió colonizar el país con la ayuda de barones normandos en busca de tierras y aventuras. Entre ellos se encontraba el famoso Richard Fitz Gilbert, conde de Pembroke (más conocido como Strongbow), que se convirtió en conde de Leinster.E sta invasión de los barones normandos, en cierto modo inacabada, fue el origen de la civilización: administración, castillos, abadías, desarrollo y construcción de ciudades; mientras el rey de Inglaterra intentaba contener la voracidad de estos codiciosos aliados. Finalmente, en 1182, Enrique II, decidido a no tolerar el deseo de independencia de sus barones, cruzó el mar hacia Irlanda al frente de un poderoso ejército. Instauró la suzeranía de Irlanda que duraría casi 400 años. Rory O'Connor, que reinó de 1166 a 1183, fue el último rey de Irlanda. En 1199, Juan sin Tierra, hijo de Enrique II, se convirtió en rey de Inglaterra y señor de Irlanda. Ignorante de la compleja situación del mundo celta, se comportó de forma despectiva y ofensiva. Juan consiguió unir a los tres reyes locales contra él, a pesar de que eran enemigos mortales.

La dominación inglesa

En 1536, el rey de Inglaterra se convirtió en líder de la Iglesia de Inglaterra y,

Monolito de Newgrange, en Drogheda, Boyne Valley.

en 1541, Enrique VIII añadió el título de rey de Irlanda a su título de rey de Inglaterra. Sus intentos de destruir la cultura irlandesa provocaron gran descontento entre la población sometida. Además, los irlandeses se negaron a abandonar su religión católica y adoptar la anglicana tras el cisma. Isabel I consolidó aún más el dominio inglés, a pesar de las revueltas de los jefes locales. En 1594, el conde Hugh O'Neill se sublevó. Este conflicto con Inglaterra duró nueve años y los irlandeses ganaron varias batallas. En aquella época, Irlanda estaba unida a España, que era católica y enemiga de Inglaterra. En 1601, cuatro mil españoles se unieron en Kinsale a las tropas de O'Neill, pero los ingleses se impusieron y comenzó una era de cruel dominación inglesa. Las tierras de los vencidos se repartieron entre los vencedores. Hacia 1605, los escoceses hacían de Úlster su hogar, presagiando los problemas que se avecinaban. En 1607, O'Neill partió de Irlanda hacia el continente (quizá en busca de ayuda) con un centenar de seguidores: la Huida de los Condes. O'Neill y O'Donnell fueron acusados de alta traición y sus propiedades confiscadas por las autoridades inglesas. A partir de entonces, colonos escoceses e ingleses se asentaron en todo el norte del país (Derry se convirtió en Londonderry), transformando el territorio en una colonia anglosajona de fe anglicana o presbiteriana. Aunque los católicos desposeídos, expulsados de sus tierras, se unieron y se volvieron contra los colonos protestantes: fue la insurrección de 1641. Diez mil colonos anglo-escoceses fueron masacrados. En la propia Inglaterra, la situación era de lo más confusa: Carlos I, después de perder la guerra civil, fue decapitado por Oliver Cromwell en 1649. Ese mismo año, Cromwell, con ánimo de venganza, desembarcó en Irlanda con doce mil hombres. En Drogheda, los soldados mataron a tres mil personas y aniquilaron poco a poco a un tercio de la población católica de Irlanda.

Persecución y esperanza

En 1691 se promulgaron unas leyes penales draconianas y los católicos se quedaron con solo una séptima parte del territorio. Se prohibió a los irlandeses portar armas y educar a sus hijos, y se desterró a los sacerdotes. Como consecuencia de las diversas amenazas, a partir de 1775 surgió un partido patriota protestante bajo el liderazgo de Henry Grattan. Entre sus reivindicaciones figuraban la libertad de comercio y la mitigación de las leyes penales. Intimidado por la importancia de este partido, el gobierno británico aprobó en 1778 la Ley de Gardiner, que eliminaba las restricciones a la propiedad

Retrato de la reina Isabel I.

© REMIZOV – SHUTTERSTOCK.COM

Grange Stone Circle.

de la tierra, el derecho a la educación y la condición de elector. Esto mejoró el día a día de los católicos. En 1782, apoyado por un ejército de 80 000 voluntarios irlandeses, Grattan consiguió que Londres creara un parlamento en Dublín, un parlamento protestante en un país que era católico en sus tres cuartas partes. Grattan, que contaba con escaso apoyo de sus iguales, estaba dispuesto a transigir con los católicos, mientras los ecos de la Revolución Francesa despertaban esperanzas. En 1790, Theobald Wolfe Tone, aunque protestante, pidió la libertad para los católicos y denunció a Inglaterra como enemiga de Irlanda. Inspirado por las ideas de la Revolución Francesa, formó un club político: la Sociedad de Irlandeses Unidos. Bajo los golpes de la represión, este club se convirtió en una sociedad militar secreta que pedía la instauración de un gobierno republicano. Theobald Wolfe Tone se dirigió al gobierno francés y acabó convenciendo a sus ministros para que organizaran una expedición a Irlanda. En 1798, un pequeño ejército

dirigido por el general francés Humbert desembarcó en Killala. Pero después de tres semanas de lucha, se vio obligado a rendirse. Tras estos acontecimientos, la represión volvió a abatirse sobre Irlanda. Wolfe Tone, creyéndose capturado, optó por cortarse el cuello. El primer ministro inglés, William Pitt, considerando estos levantamientos e intentos de liberación, prefirió derrotar, no sin maniobras fraudulentas, al Parlamento irlandés en Dublín, a pesar de las dotes oratorias de Grattan. De los trescientos diputados, sólo cien fueron a Londres con la intención de asociarse con Inglaterra. Tras el fracaso del parlamento de Henry Grattan en 1800, Inglaterra aprobó el Acta de Unión, que restablecía su control directo sobre la isla. No todos los católicos vieron este nuevo paso como un fracaso y algunos creían que la alianza con Inglaterra solo podía ser beneficiosa.

La Gran Hambruna

En 1845, Irlanda tenía una población de unos ocho millones de habitantes. En cincuenta años, la población se había casi duplicado. Pero los campesinos, que cultivaban unas tierras cada vez más fragmentadas, no se beneficiaban de sus cosechas de cereales, que se destinaban a la exportación (servían para pagar los alquileres). En 1845, el mildiu, un hongo, destruyó la primera cosecha de patatas. En 1846, el mismo hongo volvió a asolar este alimento esencial. Llegó la Gran Hambruna, durante la cual fallecieron de hambre un millón de personas, sin que el gobierno inglés se llegase a plantear en ningún momento cambiar el modelo económico que obligaba a los agricultores a pagar su renta. Expulsados, errantes, un millón de irlandeses murieron mientras otro millón intentaba emigrar a Estados Unidos. Sin embargo, en Estados Unidos, en contacto con otros exiliados políticos, los emigrantes irlandeses fundaron una sociedad que, en 1853, se autodenominó Hermandad Republicana Irlandesa, más conocida como Movimiento Feniano, en memoria de Finn McCoole, un guerrero gaélico.En 1863, James Stephen, líder de la organización, fundó en Dublín el periódico *Irish People*, mientras que hombres endurecidos por la guerra civil se alistaban en gran número. Todos estaban decididos a actuar para lograr la independencia de Irlanda. Solo una serie de contratiempos impidieron que el movimiento llegara hasta el final con la insurrección y, en 1867, las autoridades inglesas desmantelaron la red. No obstante, había prendido la mecha del terrorismo.

Reformas

Un hombre en Inglaterra comprendió el alcance y la gravedad del problema irlandés. Fue el primer ministro liberal William Gladstone, que logró imponer una serie de reformas como la separación de la Iglesia protestante y el Estado en 1869 y la reforma agraria en 1870. Por su parte, Charles Parnell, diputado protestante irlandés, obstruyó el trabajo parlamentario con interminables discursos destinados a llamar la atención de los diputados sobre la cuestión irlandesa. Además, en 1879, Michael Davitt, un antiguo feniano, fundó la Liga Agraria, cuyo objetivo era proteger a los granjeros del desahucio, y pidió a Parnell que fuera su presidente. Esta liga iba a resultar muy eficaz. Inventó nuevos métodos de defensa, como el *boicot*, que debe su nombre a un capitán que fue puesto en cuarentena por maltratar a sus granjeros. En 1881, Gladstone presentó en el parlamento un proyecto de ley para garantizar ciertos derechos a los terratenientes, mientras que Parnell (tras pasar algún tiempo en prisión) fue un firme defensor del *Home Rule* (la autonomía de Irlanda dentro del Imperio Británico) a partir de

© NICK KELLY - ISTOCKPHOTO.COM

Celdas monásticas de Shellig Michael.

1885. En 1886, Gladstone defendió el mismo plan ante el creciente enfado de los protestantes de Úlster, dispuestos a luchar por mantener su vinculación a Inglaterra. En 1889, el escándalo de su aventura con Kitty O'Shea desacreditó a Parnell. Pasando al bando de la oposición, Gladstone siguió defendiendo su proyecto de Home Rule hasta su muerte (en 1892), pero sin conseguir vencer la resistencia de los protestantes de Úlster.

Renovación

Hacia 1900 se creó el movimiento Sinn Féin («Nosotros mismos»), que reclamaba la independencia de una República irlandesa unida. La lucha por la autonomía volvería a recrudecerse, hasta inflamarse peligrosamente. En 1911 se presentó en el parlamento un proyecto de ley que proponía la autonomía parcial de Irlanda. Tras un largo debate, fue aceptada por la Cámara de los Comunes y entraría en vigor en 1914. Pero los protestantes de Úlster no lo aceptaron. Se unieron y se armaron (a través de Alemania) en un cuerpo único de 100 000 voluntarios de Úlster listos para el ataque. En 1913, los Voluntarios Republicanos Irlandeses dieron la respuesta: el país estaba en estado de guerra civil. Pero justo cuando se estaba ratificando la Autonomía, estalló la Primera Guerra Mundial, posponiendo su aplicación.El 24 de abril de 1916 (Pascua de 1916, véase el poema homónimo de W. B. Yeats), 1200 miembros de los Voluntarios Irlandeses, dirigidos por Patrick Pearse, y del Ejército Ciudadano Irlandés, dirigido por James Connolly, tomaron la oficina central de correos de Dublín y varios edificios oficiales ingleses y proclamaron

la República Irlandesa. La mayoría de la población de la ciudad estaba en contra. Los insurgentes resistieron desesperadamente durante una semana, mientras la ciudad era asediada y bombardeada con habilidad por los británicos. Más de doscientos civiles fueron víctimas de este bombardeo. Pearse y Connolly fueron capturados y ejecutados, y pasaron a ser objeto de leyenda y admiración popular.

Lucha

En 1918, el Sinn Féin obtuvo la mayoría en las elecciones y los diputados del partido se negaron a participar en el Parlamento de Londres. En 1919, convocaron un Parlamento irlandés en Dublín, el Dáil Éireann, que ratificó la creación de la República Irlandesa y eligió a De Valera como su líder. Los Irish Volunteers se convirtieron en el IRA (Ejército Republicano Irlandés), que emprendió una política de guerra de guerrillas contra la policía irlandesa, mientras el gobierno británico ilegalizaba al Sinn Féin y enviaba tropas especiales, los *Black and Tans* (chaquetas negras y pantalones caqui, una fuerza paramilitar), para sofocar cualquier desorden. Cada vez que el IRA atacaba los intereses británicos, los Black and Tans respondían con crueles represalias, como la de Croke Park, en la que murieron trece personas durante una final de fútbol gaélico. Fue el primer Domingo Sangriento de la historia de Irlanda. Esta terrible guerra civil duró más de dos años. En 1920, Inglaterra se hartó y propuso una ley que dividía Irlanda en dos partes: Irlanda del Norte (Úlster menos tres condados de mayoría católica) e Irlanda del Sur, con sus veintiséis condados. Se firmó un armisticio que dio lugar a largas negociaciones, al final de las cuales De

Valera cedió su representación a Arthur Griffith y Michael Collins. El 5 de diciembre de 1921 se firmó el Tratado de Londres. Irlanda se convertía en el Estado Libre Irlandés, con la condición de no intervenir en Irlanda del Norte. La situación contemporánea quedó sellada. Sellada pero no aceptada. De Valera y el IRA rechazaron el tratado pues querían una Irlanda unida. En 1922 estalló una nueva guerra civil y los británicos armaron a las fuerzas del Estado irlandés que habían ratificado el tratado. Finalmente, en 1923, Éamon De Valera aceptó deponer las armas. En 1925 fundó un nuevo partido, Fianna Fáil (Soldados del Destino), y aceptó un escaño en el Dail (el parlamento). La minoría que se negó a seguirle, pasó a la clandestinidad, anticipando así la situación actual del IRA. En 1932, De Valera llegó al poder e inmediatamente renunció al juramento de fidelidad a la Corona, al tiempo que se comprometía con una economía nacionalista. Fianna Fail permaneció dieciséis años en el poder. En 1937, De Valera hizo votar una nueva Constitución, en la que Irlanda, bajo su nuevo nombre de Eire se reconocía soberana, independiente y democrática.

La espera

Durante la Segunda Guerra Mundial, Eire se mantuvo neutral (aunque 70 000 irlandeses sirvieron en el ejército británico). En 1948, Fianna Fáil perdió las elecciones frente a Fine Gael. Un gobierno de coalición gobernó el país. En 1949, Eire se convirtió en la República de Irlanda y abandonó la Commonwealth, mientras que Irlanda del Norte siguió formando parte del Reino Unido. En 1955, la República ingresó en las Naciones Unidas y trató de atraer capital extranjero para reactivar una economía en crisis. Sin embargo, las acciones del IRA recordaban que el conflicto entre nacionalistas y unionistas distaba mucho de haber terminado. Fue en esta época cuando tuvo lugar el famoso Domingo Sangriento. Las filas del IRA se engrosaron tras esta masacre. El 21 de julio de 1972, explotaron veintidós bombas en Belfast, matando a dieciséis personas. Irlanda del Norte se sumió en la guerra, con una espiral de atentados y represalias entre los bandos enfrentados. Además de perpetrar atentados en Irlanda del Norte, el IRA también colocó bombas en suelo británico. Los protestantes, por su parte, crearon brigadas paramilitares y se instauró la violencia. En 1981, los presos católicos que deseaban obtener el estatuto de presos políticos iniciaron una huelga de hambre. Diez de ellos murieron. Los primeros años de la década de 1980 se caracterizaron también por un preocupante aumento del desempleo (más del 10 %), al que no fue ajena la extrema juventud del país. El descontento de la población ante estos nuevos problemas propició la aparición de nuevos partidos. En 1982, el Sinn Féin se convirtió en el Partido de los Trabajadores y, en 1986, algunos miembros del Fianna Fáil crearon un nuevo partido de derechas, los Demócratas Progresistas. Por último, a finales de los ochenta surgieron movimientos ecologistas, como la Alianza Verde, que obtuvo un escaño en el parlamento en 1989.

De un milenio a otro, paz y modernidad

En 1990, la elección de Mary Robinson como presidenta de Irlanda fue muy alentadora, tanto para las relaciones con Irlanda del Norte como para la identidad de la República. En 1997, una segunda mujer, Mary MacAleese, fue elegida presidenta de la República. El pueblo irlandés parecía satisfecho con la labor de la mujer al frente del Estado, aunque las posiciones de la nueva presidenta parecían más conservadoras que las de Mary Robinson. En 1998, parecía iniciarse un proceso de paz duradero, aunque frágil. Las distintas partes firmaron en Belfast el llamado «Acuerdo de Viernes Santo», aprobado por referéndum en Irlanda del Norte y en la República de Irlanda. El jueves 28 de julio de 2005, el Ejército Republicano Irlandés anunció que renunciaba a la lucha armada y que, en adelante, trataría de alcanzar sus objetivos por medios políticos. Tras más de treinta años de lucha armada, parecía que se pasaba una página histórica entre los republicanos y los unionistas, que seguían mostrándose escépticos. En 2007 se materializó por fin el Acuerdo de Viernes Santo cuando Ian Paisley, carismático líder del anticatólico Partido Democrático Unionista (DUP) y feroz opositor al proceso de Viernes Santo, aceptó (bajo presión británica) negociar el establecimiento de un gobierno de unidad nacional y encabezarlo convirtiéndose en primer ministro de Irlanda del Norte. Gobernó entonces con sus antiguos peores enemigos, flanqueado por un vice primer ministro del Sinn Féin, Martin McGuinness, antiguo líder del Ejército Republicano Irlandés. Los años 1990 fueron sinónimo de éxito económico en Irlanda. Luego llegó la crisis. Bancos en quiebra, fracaso gubernamental, una economía en bancarrota: el país tuvo que enfrentarse al reto de restablecer su viabilidad fiscal. En 2012, Irlanda tenía una tasa de paro de casi el 15 % y un crecimiento alarmante, pero la isla ha conseguido volver a crecer gracias a las exportaciones. Su PIB está por encima del nivel anterior a la crisis, con 225 000 millones de euros frente a los 190 000 millones de 2007.

¿Y hoy?

De 2008 a 2013, la situación irlandesa fue catastrófica: el déficit público alcanzó el 32 % del PIB, la deuda pública el 82 % y el desempleo el 14 %. Ante la crisis, los irlandeses mostraron un amplísimo consenso a favor de preservar el modelo de desarrollo económico nacional. El FMI salvó al país *in extremis* concediéndole un préstamo de casi 85 000 millones de euros. Entonces comenzó la recuperación e Irlanda experimentó un espectacular repunte económico, pero a costa de una severa política de austeridad por parte del gobierno de Enda Kenny, en el poder hasta 2020. Mientras tanto, Irlanda del Norte votó en contra de la separación de la Unión Europea en la votación del Brexit. En Irlanda, tras las elecciones anticipadas de 2020, Fianna Fáil volvió a ser la primera fuerza política, hasta 2022, cuando Leo Varadkar, de Fine Gael (centro-derecha), asumió el poder. Al otro lado de la frontera, el 20 de mayo de 2023, el partido nacionalista Sinn Féin, partidario de la reunificación con la vecina República de Irlanda, obtuvo una amplia ventaja en las elecciones locales de Irlanda del Norte. Una victoria sin precedentes en la historia de la isla. En febrero de 2024, la nueva primera ministra, Michelle O'Neill, prometió un referéndum sobre la unificación de la isla en un plazo de diez años.

POBLACIÓN

Demografía

La República de Irlanda está escasamente poblada, con 5,2 millones de habitantes (Irlanda del Norte tiene alrededor de 1,9 millones) y una baja densidad de población (74 habitantes/km²). Sin embargo, esta cifra oculta grandes disparidades: solo en Dublín y en la costa oeste se concentra un tercio de la población total. Gracias a su elevada tasa de natalidad (1,6 hijos por mujer), Irlanda conserva una población joven. El 20 % de la población irlandesa tiene menos de 15 años.

Entre 1845 y 1950, seis millones de irlandeses emigraron, principalmente a Estados Unidos y Canadá, como consecuencia de la hambruna y la inseguridad provocadas por la intromisión británica. Desde principios de la década de 1990, el auge económico ha contribuido a frenar la marea. Por primera vez en más de un siglo, la población ha dejado de marcharse en masa y la inmigración supera ahora a la emigración.

Idiomas

El inglés y el gaélico, la lengua nacional, son las dos lenguas oficiales del país. El 98 % de los irlandeses habla inglés como lengua materna y el 2 % restante, irlandés. El irlandés (o gaélico irlandés) es la lengua celta hablada en Irlanda. Es un idioma indoeuropeo perteneciente a la misma rama celta que el gaélico escocés, el galés y, en Francia, el bretón. Hasta el siglo XIX, el irlandés era hablado por la mayoría de la población de la isla. Sin embargo, en la segunda mitad del siglo XIX, el inglés sustituyó rápidamente al irlandés como lengua de comunicación. Fue a partir de 1921 y de la independencia cuando el gobierno irlandés introdujo una política de revitalización de la lengua, con el objetivo de invertir la tendencia de que el inglés prevaleciera sobre el irlandés. En la actualidad, se calcula que menos de 100 000 personas utilizan el irlandés a diario. Aunque la lengua no es muy utilizada, el apego a ella sigue siendo fuerte, como símbolo de identidad, incluso entre quienes la hablan mal o no la hablan en absoluto. El uso del irlandés en las regiones del Gaeltacht está muy por encima de la media nacional. Desde 1956, un departamento (ahora el Departamento de Turismo) es responsable de los asuntos relacionados con la cultura, el patrimonio y el Gaeltacht.

Estilo de vida

▶ **Referéndum sobre el matrimonio para todos:** un país conocido por estar fuertemente influido por la religión católica como es Irlanda, se ha pronunciado sobre la cuestión del matrimonio homosexual, que durante mucho tiempo ha sido tabú. El 22 de mayo de 2015, más del 62 % de los irlandeses votaron en todo el país a favor de permitir el matrimonio entre parejas del mismo sexo. Irlanda es, por tanto, el primer país que autoriza el matrimonio homosexual por referéndum.

▶ **Referéndum histórico sobre el aborto:** el 25 de mayo de 2018, el 66,4 % del electorado votó en referéndum a favor de la derogación, respaldada por el gobierno, de la Octava Enmienda de la Constitución, que prohíbe el aborto. La legislación al respecto era una de las más represivas de la Unión Europea. Irlanda del Norte, por su parte, aún no ha derogado esta legislación sobre el aborto, también muy restrictiva en ese país.

▶ **Referéndum sobre la derogación de la blasfemia:** por último, el cambio más simbólico en este país que se distancia de la Iglesia católica, es sin duda el 65 % de votos a favor de la derogación del delito de blasfemia. Aunque la legislación no se aplicaba desde 1855, la Constitución castigaba estos delitos con una multa de 25 000 euros.

Religión

En Irlanda, la religión y la política han estado intrínsecamente ligadas desde el siglo XVI, cuando la Irlanda católica cayó bajo el dominio de la Inglaterra protestante. Hasta la partición de la isla en el año 1921, la vida política irlandesa siguió condicionada por las divisiones religiosas (y aún lo está en Irlanda del Norte).

Con la creación del Estado Libre Irlandés, un catolicismo muy tradicional dominó durante mucho tiempo la vida política, social y cultural del país. Independiente del Estado y sostenida por los ingresos de numerosas donaciones, la Iglesia sigue siendo la piedra angular de la sociedad irlandesa, sobre todo porque las dos confesiones están territorialmente mezcladas.

La República de Irlanda, católica, alberga enclaves protestantes, sobre todo en Dublín. Actualmente, más del 80 % de la población es católica. Irlanda es uno de los pocos países europeos, junto con Polonia, donde la Iglesia católica ocupa un lugar tan importante en la sociedad.

Puente sobre el río Liffey, en Dublín.

ARTE Y CULTURA

Arquitectura

Antes de las grandes invasiones, Irlanda era un país de pastores donde los monasterios eran los únicos centros importantes de la isla. Solo a partir del siglo IX, con la llegada de los vikingos, se fundaron grandes ciudades fortificadas como Dublín, Limerick o Waterford. Los pueblos del interior del país aparecieron después de las invasiones anglonormandas. El tejido urbano se desarrolló realmente en el siglo XVIII, durante un período de paz acompañado por la construcción de grandes edificios públicos y la ampliación de las calles principales en las grandes ciudades. El ejemplo más representativo de esta urbanización rápida, conocida como el renacimiento irlandés, es sin duda la capital misma, cuyo gran desarrollo fue trazado por la Wide Street Commission (Dublín fue apodada en esa época la ciudad más grande de Europa). Durante este período de renovación, los hermanos italianos Francini introdujeron el estilo barroco en Irlanda, estilo que pronto adoptaron los artesanos irlandeses. Después se puso de moda el estilo neoclásico.

Cine

Hasta hace poco, el cine irlandés estaba poco desarrollado. Desde los años 1980, esto ha empezado a cambiar, con una política destinada a atraer directores a Irlanda para rodar sus películas. Y la diversidad de los magníficos paisajes

---

QUÉ TRAER DEL VIAJE

Hay muchísimas tiendas de recuerdos, pero todas venden más o menos los mismos artículos que representan símbolos de la cultura irlandesa: cruces y figuras celtas.

▶ **Jerséis** (hechos 100 % de pura lana virgen), bufandas, chaquetas, chalecos, incluidos los de las islas Aran; artesanía irlandesa y lana de calidad.

▶ **El anillo Claddagh,** formado por dos manos que sostienen un corazón coronado, en todas sus formas: collar, pendientes, etc., específicamente de Galway.

▶ **Un instrumento musical tradicional,** sobre todo en los alrededores de Cork, como el *bodhràn* o una pequeña flauta llamada *tin whistle.*

▶ **El cristal de Waterford** goza de gran reputación, pero otras ciudades (Tipperary, por ejemplo) también lo fabrican.

▶ **El whisky irlandés,** fino y elegante, producido a partir de cebada y agua pura, triplemente destilado. Una delicia para los amantes de esta bebida.

IRLANDA Y LAS SERIES

Algunos de los escenarios que conforman el mundo de fantasía de *Juegos de Tronos* (emitida entre 2011 y 2019) se pueden visitar en Irlanda, sobre todo en la ruta de senderismo Antrim Way y en la carretera de Bregagh, una nudosa vía arbolada conocida en la serie como «Kingsroad».O tra serie popular, *Vikingos* (emitida entre 2013 y 2020), de Michael Hirst, se rodó principalmente Wicklow Way. En ella aparecen Lough Tay y la cascada de Powerscourt. El creador también inventó *Los Tudor* (emitida entre 2007 y 2010), serie que narra la historia de Enrique VIII, interpretado en pantalla por Jonathan Rhys-Meyers. En la misma línea histórica, el director irlandés Nils Jordan creó la serie *Los Borgia* (entre 2011 y 2013). La miniserie adolescente *Derry Girls*, emitida desde 2018 en Netflix, está ambientada a finales de los años 1990 durante la guerra civil en Irlanda del Norte. La serie de comedia sigue a un grupo de jóvenes desvergonzadas que se preocupan más por sus problemas de ligue que por las tensiones políticas.En 2020, la cadena de televisión BBC Three emitió la serie adaptada de la novela homónima *Normal People,* el enormemente popular título de la joven novelista Sally Rooney. La trama sigue la complicada relación de dos adolescentes, Marianne y Connell, desde el instituto en el condado de Sligo hasta la universidad en Dublín.

del país ha convencido a muchos (como Mel Gibson para *Braveheart*, o Spielberg para *Salvar al soldado Ryan*). Entre los éxitos de taquilla irlandeses figuran *The Commitments* (1991), *Mi pie izquierdo* (1989) con Daniel Day-Lewis y Brenda Fricker, que ganó el Oscar al mejor actor y a la mejor actriz de reparto respectivamente, y *El prado* (1990). No olvidemos tampoco la Palma de Oro del Festival de Cannes 2006 para *El viento que agita la cebada*, dirigida por el británico Ken Loach, que retrata la guerra de la Independencia irlandesa (1919-1921) y la guerra civil (1922-1923) que la siguió. La saga intergaláctica de *La guerra de las galaxias* también impulsó el turismo irlandés tras el rodaje de los episodios VII y VIII (en 2014 y 2016, respectivamente). La pequeña isla de Skellig Michael se

dio a conocer como el último refugio de Luke Skywalker.

Además, muchos famosos actores irlandeses protagonizan películas internacionales, como Colin Farrell, Kenneth Branagh, Michael Fassbender, Gabriel Byrne, Pierce Brosnan, alias James Bond, Jack Gleeson, alias Joffrey Baratheon en *Juego de Tronos* o Cillian Murphy, alias Thomas Shelby en la serie *Peaky Blinders*.

▶ **En 2023,** Irlanda volvió a ocupar el centro de la escena cinematográfica mundial con *Almas en pena de Inisherin*. La película, dirigida por Martin McDonagh, cuenta con un reparto íntegramente irlandés, con Colin Farrell y Brendan Gleeson en el papel de dos amigos que viven en una isla de la costa irlandesa mientras el país está desgarrado por una terrible guerra civil. La película, ambientada en las dos islas Aran, frente a la costa oeste de Irlanda, ganó cuatro estatuillas en los British Academy Film Awards, los Oscar *made in Britain*.

Literatura

Irlanda es uno de esos países cuya historia por sí sola no puede explicar por qué ha producido tantos prodigios literarios. Sus hombres de letras han recibido nada menos que cuatro premios Nobel: Yeats y Beckett, por supuesto, en 1923 y 1960 respectivamente, pero también Shaw y Heaney, en 1925 y 1995, que merecerían ser más conocidos en nuestras latitudes. Un quinto, implícitamente, destaca porque su nombre está en boca de todos cuando se menciona la isla: James Joyce, que, a causa de un lío sueco, nunca fue homenajeado. A esta lista, ya de por sí impresionante, habría que añadir a Jonathan Swift, Oscar Wilde, Bram Stoker y, más cerca, Edna O'Brien, John Banville, así como Colm Tóibín, Claire Keegan y Sally Rooney. En resumen, viajar por Irlanda es como viajar por la literatura, más allá de la belleza y la melancolía de los paisajes, se revela un alma que espera ser transmitida.

En Irlanda, la escritura apareció hace mucho tiempo, como demuestran algunas de las primeras obras. La más famosa de ellas es el *Libro de Kells*, que se expone en el Trinity College de Dublín. La singularidad de la literatura irlandesa se debe en parte a la cohabitación de dos culturas, y sobre todo de dos lenguas, a lo largo de varios siglos. La literatura irlandesa, escrita en gaélico o en inglés, es la producida por escritores de origen irlandés que mantienen vínculos con la vida y la cultura de su país. Las obras más conocidas fuera del país están escritas en inglés, pero las obras en irlandés constituyen una gran parte de la literatura, tanto en el pasado como en la

© SIGH - STOCK.ADOBE.COM

En el Trinity College se filmó la mini serie Normal People *(2020).*

JAMES JOYCE

Monumento de la literatura universal, el *Ulises* de James Joyce es una «broma de libreros», uno de esos libros que a uno le gusta fingir que ha leído pero que, cuando lo encuentra, al principio le deja realmente perplejo. Una novela con claves, como explican los especialistas, y hay muchas. Esta obra plantea interrogantes sobre la personalidad de quien la escribió, sobre su trayectoria, sus destellos de brillantez, sus objetivos, pero también sobre su ciudad, Dublín. El irlandés que nunca dejó de utilizar elementos autobiográficos para dar sustancia a sus obras, ni de jugar con el simbolismo y los experimentos estilísticos, colocar referencias personales y mantener sus supersticiones, parece sin embargo escurridizo, y se muestra misterioso en la lectura de sus relaciones, de sus reveses y de sus andanzas geográficas. Una leyenda, tanto humana como literaria, que aún hoy en día divide a la gente y que, sin embargo, es celebrado cada 16 de junio, por supuesto, en Irlanda.

actualidad, sin olvidar la fuerte tradición oral de leyendas y poesía. Los escritores irlandeses son conocidos por inspirarse en las tradiciones locales y en una tierra a menudo amenazada por la conquista británica. Su cultura tuvo que luchar para sobrevivir y los escritores libraron esta batalla sin pudor para afirmar la existencia de una identidad irlandesa, no británica. Una de las primeras obras notables de la literatura irlandesa es el *Ciclo del Úlster*, una colección de un centenar de relatos escritos a partir de la tradición oral entre los siglos VIII y XII. Estos relatos se refieren a los reyes de los Ulaid (en particular al niño guerrero Cú Chulainn), pueblo que dio su nombre a la actual provincia del Úlster.

Música

Cuando se piensa en música irlandesa, es imposible no acordarse de los éxitos mundiales de grupos como U2, The Cranberries y The Corrs o incluso Boyzone, si se quiere otro registro. Pero la música irlandesa es mucho más que eso. Irlanda ha sido desde su fundación un país de música y no hay nada que su gente disfrute más que contar sus historias con un instrumento en la mano. Esto se nota en cada ciudad y pueblo, cuando los pubs se llenan y cobran vida con canciones tradicionales. En Irlanda, la música tradicional es algo más que folclore, es también un vehículo catártico para abordar lo que se tiene en el corazón. Y quizá sea eso

DESCUBRE

lo que distingue a la música irlandesa: sus intérpretes. Es decir, casi todos los irlandeses.

El hecho es que la música popular del país ha producido muchos nombres que han pasado a la historia, latiendo casi tan fuerte y rápido como su vecino inglés. Empezando por U2, por supuesto, la encarnación del pop irlandés, que el mundo ama u odia (o incluso se trata de amor-odio) y que ha conseguido vender más de 200 millones de discos a lo largo de su carrera. U2 es la cara del pop irlandés, pero la música popular irlandesa no tuvo que esperar a la banda de Bono para hacerse un hueco internacional. Ya en la década de 1960, vio surgir a grandes figuras como Van Morrison (nacido George Ivan Morrison), que debutó en 1965 con la banda de rock Them y pasó por multitud de estilos a lo largo de su carrera. Poco antes de la explosión del punk, la banda de rock Thin Lizzy triunfó (sobre todo en Estados Unidos), pero realmente fue en la década de 1990 cuando Irlanda atrajo la atención del mundo. En esa época surgieron nombres como The Corrs, cuatro hermanos que se hicieron enormemente populares en el extranjero gracias a su mezcla de irlandés tradicional y pop-rock; The Cranberries, que obtuvieron uno de los mayores éxitos del país con *Zombie,* una canción que habla abiertamente sobre la guerra, y Sinead O'Connor, una personalidad muy fuerte, tan famosa por sus grandes éxitos como *Nothing Compare to U,* como por sus inmensos arrebatos. También fue la época en que Enya irrumpió en la escena internacional con su fusión new age/celta.

FIESTAS

Enero

■ TEMPLE BAR TRADFEST
DUBLÍN
✆ +353 1 960 2300
www.tradfest.ie
admin@templebarcompany.com
El TradFest de Temple Bar es un festival de música clásica y tradicional con una excelente reputación más allá de las fronteras de la capital. El programa incluye conciertos y recitales, teatro callejero, y *showcase,* etc., en Dublín y especialmente en el ayuntamiento. En total, se ofrecen cientos de espectáculos gratuitos a quienes acudan a la capital irlandesa a finales de enero. Se aconseja reservar con antelación en el sitio web del evento.

Febrero

■ DUBLIN INTERNATIONAL FILM FESTIVAL
DUBLÍN
www.diff.ie
info@diff.ie
¡La capital irlandesa también tiene su alfombra roja! El séptimo arte está en el punto de mira durante una docena de días en Dublín, normalmente a finales de febrero o principios de marzo. Se presentan cortometrajes, mediometrajes y largometrajes, incluidas producciones internacionales, cine *underground* y obras originales de todo tipo. El programa puede consultarse en el sitio web del festival.

Marzo

■ FESTIVAL DE ST PATRICK'S
St. Stephen's Green House
Earlsfort Terrace
DUBLÍN
✆ +353 1 676 3205
www.stpatricksfestival.ie
info@stpatricksfestival.ie
¡Esta es una fecha para recordar! El día de San Patricio se honra al patrón de Irlanda en una fiesta católica. Este acontecimiento ha crecido hasta convertirse en una fiesta de cinco días en torno al 17 de marzo. Conciertos, búsquedas del tesoro, fuegos artificiales, teatro en la calle, bandas de música, desfiles... Todo el mundo va vestido de verde. Y de hecho, ¡todo es verde! Los pubs están llenos, el alcohol fluye y miles de dublineses y visitantes participan en el evento.

Junio

■ BLOOMSDAY
DUBLÍN
www.bloomsdayfestival.ie
bloomsday@jamesjoyce.ie
Bloomsday es una fiesta irlandesa que se celebra en Dublín para conmemorar la vida del escritor James Joyce. El evento, de seis días de duración, concluye el 16 de junio, día en que transcurre la acción de *Ulises* y las andanzas de Leopold Bloom por Dublín en 1904. Este día se celebra desde 1954, y cada año los admiradores de James Joyce se

visten con ropas de principios del siglo XX y recorren la ciudad citando pasajes de la obra. También hay numerosos espectáculos callejeros, *sketches* y lecturas.

Julio

■ **GALWAY INTERNATIONAL ARTS FESTIVAL**
GALWAY
Probablemente es el mayor y más variado festival de arte del país; comenzó en 1978 y desde entonces ha ido a más. Con casi doscientas representaciones en más de veinticinco lugares, reúne teatro, arte, música local e internacional, actuaciones espectaculares en las estrechas y sinuosas calles de la ciudad y una plataforma de debate con las charlas *First Thought Talks.* Si está en Galway en julio, no se lo pierda.

Agosto

■ **DUBLIN HORSE SHOW**
Merrion Road
Ballsbridge
Dublín 4
DUBLÍN
✆ +353 1 485 8010
www.dublinhorseshow.com
Durante varios días en verano, la Royal Dublin Society (en Ballsbridge) acoge carreras de caballos nacionales e internacionales, saltos de obstáculos y demostraciones de todo tipo, que suelen culminar con el mundialmente famoso Trofeo Aga Khan. El Dublin Horse Show se remonta a 1868 y atrae a más de 100 000 visitantes cada año para admirar los soberbios caballos de competición. Es uno de los acontecimientos más destacados del verano irlandés.

Octubre

■ **SAMHAIN (HALLOWEEN)**
¿Año Nuevo celta? ¿Fiesta de la cosecha? ¿Fiesta de los muertos? Sea como sea, para los irlandeses, Halloween es ineludible. Miles de personas se disfrazan, así que no olvide su disfraz y sus caramelos. Este día, las calles se llenan de desfiles y pasacalles de ensueño.
Los orígenes de Halloween se remontan a la época de los celtas. Hace unos 3000 años, el año celta no terminaba el 31 de diciembre, sino el 31 de octubre, con el final de la cosecha. En esa noche, los celtas adoraban a Samhain, el dios de la muerte, pues se creía que los fantasmas aprovechaban la noche para visitar a los vivos. Los celtas apagaban todos los fuegos de las casas, organizaban un gran banquete y sacrificaban animales. Cantaban y bailaban alrededor de grandes hogueras y celebraban el paso de la estación del sol a la de la oscuridad. Para asustar a los espíritus, los participantes se vestían con trajes terroríficos. También dejaban ofrendas ante sus puertas para apaciguar a los fantasmas. Al día siguiente, los druidas de la aldea distribuían las brasas de la pira a cada familia para reavivar los fuegos apagados en las casas. Se supone que estas brasas ahuyentan a los espíritus malignos durante todo el año. La cristianización a principios del siglo VII marcó el fin de esta fiesta. Sin embargo, los ritos permanecieron. La migración del festival a Estados Unidos se produjo al mismo tiempo que el éxodo de los irlandeses al Nuevo Mundo en el siglo XIX.

COCINA LOCAL

Productos y especialidades

▶ **Los platos típicos** son el cordero, el tocino y la col, acompañados de la famosa salsa de ajo y, a menudo, acedera. La patata es, además, la verdura nacional que acompaña casi todos los platos.

▶ **El marisco y el pescado,** que abundan en la costa, son de gran calidad. Las ostras se sirven con Guinness y *soda bread* (el pan local). Y no se puede hablar de cocina irlandesa sin mencionar el salmón, muy famoso en la región de Galway, tanto ahumado como fresco.

▶ **La región de Kerry** es más conocida por su ganadería ovina. Aquí encontrará algunos de los mejores guisos de la isla, así como el famoso *irish stew,* servido con patatas, zanahorias, col y apio. Irlanda, y Dublín en particular, ofrece ahora también una amplia gama de restaurantes internacionales, con especialidades italianas, indias, chinas, tailandesas, japonesas, vegetarianas, etc. A pesar de las diferencias con sus vecinos británicos, los irlandeses han conservado una forma muy anglosajona de repartirse las comidas: tradicionalmente, desayunan (muy) bien por la mañana, el almuerzo es bastante sucinto en las ciudades (a menudo un bocadillo) y mucho más copioso en el campo, donde se suele comer en casa, y cenan alrededor de las 18 h, para después disfrutar a menudo de té y galletas por la noche.

Estofado irlandés.

EL DESAYUNO IRLANDÉS

El desayuno irlandés es una comida en sí misma. Tradicionalmente, consta de huevos, beicon, salchichas, tostadas, judías blancas, champiñones, tomates, morcilla blanca (*white pudding*) y morcilla negra (*black pudding*). Todo ello servido con té o café. Hoy en día, entre semana, pocos irlandeses tienen tiempo de preparar un desayuno así y suelen conformarse con tostadas, cereales o huevos. Sin embargo, la mayoría de los hoteles y pensiones ofrecen un desayuno irlandés completo. Pruébelo al menos una vez. Tenga en cuenta, no obstante, que este desayuno fue creado por campesinos que salían a trabajar al campo. Así que es mejor no comérselo entero a menos que tenga pensado realizar mucha actividad física... o tenga cuidado con los kilos.

Bebidas

▶ **Cerveza.** Los irlandeses son grandes amantes de la cerveza, por eso pasan la mayor parte de su tiempo libre en el pub. La cerveza se sirve en pintas (*pint*) o medias pintas (*half-pint* o *glass*). La más famosa es, por supuesto, la Guinness, una cerveza *stout* casi negra y muy amarga. Si prefiere una cerveza más suave, pruebe la Murphy's (oscura) o la Smithwicks (roja), con fama de ser la roja más clara del mundo. Las *lager* no son muy comunes, pero la más famosa es la Harp, que se elabora en la fábrica de Guinness; además, encontrará muchas cervezas internacionales.

▶ **Whisky.** Los irlandeses también son grandes bebedores de whisky, aunque no de la misma manera. El whisky irlandés es muy especial y delicioso. Hay tres marcas principales: Bushmill, Tullamore Dew y el más seco, pero incomparable, Jameson. También podrá probar muchos derivados de esta famosa bebida:

Bailey's o Waterford Cream (cremas de whisky), Irish Mist (hecho con whisky, miel y extractos de plantas), Hot Port (whisky caliente ampliado con agua y una rodaja de limón con un clavo clavado). Y no olvidemos el legendario *Irish coffee* inventado por un camarero del aeropuerto de Shannon. Se compone de una base de café dulce y un chupito de whisky, todo coronado con nata fresca.

▶ **Vinos.** Aunque los irlandeses no cultivan sus propias vides, muchos restauradores cuidan mucho sus cartas de vinos. Los restaurantes tienen *wine lists* que harían palidecer a los restauradores españoles Desde vinos franceses hasta *house wine* (vinos de mesa de buena calidad, 12 euros) y vinos *grand cru* (45 euros), pasando por vinos alemanes, italianos, españoles, portugueses, húngaros, australianos, sudafricanos y chilenos. Lo mismo ocurre en los grandes supermercados, pero a menor precio, claro.

DEPORTES Y OCIO

Fútbol gaélico

Mezcla de rugby y fútbol, es el deporte favorito de los irlandeses. El fútbol gaélico lo juegan dos equipos de quince jugadores en un campo de aproximadamente 137 m de largo y 82 m de ancho. Las porterías tienen forma de postes de rugby, con un travesaño ligeramente más bajo. El balón de fútbol gaélico es redondo, ligeramente más pequeño que un balón de fútbol. Se puede llevar con la mano a una distancia de cuatro pasos y luego se puede pasar con el pie (*kick*) o con la mano (*hand pass*) golpeando el balón con la palma de la mano o con el puño. Para marcar, el balón debe patearse entre los postes de la portería con el pie, la mano o el puño. El equipo anota un punto por cada gol por encima del travesaño y tres puntos por cada gol por debajo.

Hurling

Inventado hace 4000 años, el hurling es el deporte más antiguo de Irlanda. Se dice incluso que se juega en el cielo (*«the game they play in heaven»*). El hurling es similar al hockey sobre hierba, pero más rápido y físico. Es un deporte veloz, de habilidad, que se juega en un campo del tamaño de un campo de fútbol con un palo de madera y una pequeña pelota de cuero. Los equipos están formados por quince jugadores que tienen como objetivo meter la pelota en las porterías contrarias.

© D. RIBEIRO – SHUTTERSTOCK.COM

Partido de fútbol gaélico.

Rugby

La selección nacional irlandesa (que reúne a jugadores de la República de Irlanda e Irlanda del Norte con la famosa camiseta verde) es una de las mejores del mundo. La Irish Rugby Football Union se fundó en 1874 y la selección irlandesa jugó (y ganó) su primer partido en Dublín el 13 de diciembre de 1875 contra Inglaterra. El Torneo de las Seis Naciones es el gran momento de la temporada para los quince del Trébol, que lo han ganado en 24 ocasiones (incluida la versión más reciente de 2024). La selección irlandesa ha completado el Grand Slam en cuatro ocasiones (es decir, ganar los cinco partidos, contra Inglaterra, Francia, Escocia, Gales e Italia), incluida su última victoria en 2023. Habitual cuartofinalista en la Copa del Mundo (siete veces en nueve ediciones), Irlanda nunca ha logrado alcanzar las semifinales, ni siquiera durante la época dorada del legendario Brian O'Driscoll. Durante mucho tiempo, la quincena del Trébol jugó en el mítico estadio de Lansdowne Road, que fue demolido para dar paso al ultramoderno Aviva Stadium.

Senderismo

Cuando uno piensa en Irlanda, se imagina paisajes salvajes y verdes barridos por el viento y la lluvia, acantilados espectaculares, el mar hasta donde alcanza la vista, lagos, montañas... En resumen, naturaleza en estado puro. Y todo es cierto, los magníficos paisajes de Irlanda no defraudan y constituyen un telón de fondo ideal para hermosos paseos a pie y en bicicleta, sobre todo en Connemara y el condado de Donegal. El país cuenta con numerosos parques nacionales y, para ser una nación pequeña, la diversidad de sus paisajes es asombrosa. El condado de Donegal es también muy popular entre los escaladores.

Golf

¿Golf en Irlanda? ¡Sin duda! Irlanda ha sido incluso nombrada destino mundial de golf por la Asociación Internacional de Turoperadores de Golf. Ha albergado las prestigiosas Ryder Cup y Solheim Cup, y ha dado a conocer al mundo a grandes campeones como Rory McIlroy, Graeme McDowell, Darren Clarke y Padraig Harrington. A la hora de jugar al golf, no le faltará dónde elegir entre los más de trescientos campos del país.

© THOMAS BLANCK – SHUTTERSTOCK.COM

Carrauntuohill.

Colin Farrel

Nacido en 1976 en Castelknock, cerca de Dublín, Colin Farrel es uno de los actores con más talento de su generación. Tras ser tentado por el deporte, se decantó por la interpretación y estudió en la Gaiety School of Acting de Dublín. El actor llamó la atención del público por primera vez en 2000 con la película *Tigerland*, de Joel Schumacher. Desde entonces, ha coprotagonizado con Bruce Willis *La guerra de Hart*, a la que siguió *Minority Report*, de Steven Spielberg. En 2002, interpretó al temible pistolero de la esperada *Daredevil*, basada en el cómic epónimo. En 2004, interpretó el papel principal en *Alejandro*, la biografía de Alejandro Magno, de Oliver Stone; en 2006, protagonizó *Corrupción en Miami* y en 2007, bajo la dirección de Woody Allen, *El sueño de Casandra*. Desde entonces, también ha protagonizado *Senderos de libertad* (2010), *Fantastic Beasts* (2016), vinculada a la saga de Harry Potter, *Dumbo* (2019), de Tim Burton, *El caballero* (2020), *The Batman* (2022), *Almas en pena de Inisherin* (2022)...

Conor McGregor

Leyenda de las Artes Marciales Mixtas, el popularísimo deporte de combate de la MMA, Conor McGregor es ya el deportista más famoso de la isla y una auténtica leyenda entre sus compatriotas. The Notorious (mantiene un récord de 22 victorias, 19 de ellas por KO, y 6 derrotas) ha ganado tres cinturones en la prestigiosa UFC, la organización insignia de las MMA, y ha luchado contra todas las demás leyendas de este deporte: Khabib Nurmagomedov, Nate Diaz y Dustin Poirier, por nombrar solo a algunos. También fue el primer hombre en ostentar dos títulos en dos categorías diferentes (peso pluma y peso ligero) e infligió el KO más rápido de la historia a José Aldo (13 segundos). Tras varios anuncios de retirada, anunció su regreso para finales de junio de 2024, pelea que se canceló oficialmente debido a un dedo roto. Estén atentos.

Van Morrison

George Ivan Morrison nació el 31 de agosto de 1945 en Belfast. Debutó en 1965 con el grupo de R&B Them, con el que grabó dos álbumes, antes de lanzarse en solitario. Después se embarcó en una serie de interminables metamorfosis musicales, desde el country-pop al soul, pasando por el folk y la música tradicional irlandesa con influencias celtas. Sus canciones suelen estar impregnadas de una búsqueda espiritual muy personal. Sus éxitos han dado la vuelta al mundo (*Gloria, Here Comes the Night, Baby Please Don't Go...*) y han sido versionados por los más grandes: Jim Morrison, Jeff Buckley, Ray Charles, Rolling Stones, entre otros. A sus más de 78 años, Van Morrison prosigue con su carrera ejemplar y publicó a finales de 2023 su 45º álbum, *Accentuate the Positive*, en el que versiona los grandes clásicos del rock.

Brian O'Driscoll

Nacido en Dublín en 1979, esta leyenda del rugby irlandés y mundial poseía una extraordinaria visión de juego y una capacidad excepcional de pase. Desde su debut internacional, Brian O'Driscoll ha elevado el rugby de su país a la máxima categoría mundial. Gracias a su genio, sin duda uno de los mejores centros de la historia de este deporte, los irlandeses han vencido a todas las grandes naciones del balón ovalado. Ganó dos Seis Naciones, en 2009, cuando completó el Grand Slam, y en 2014. También ha hecho historia con el legendario club dublinés, Leinster, con el que ganó tres Copas de Europa (2009, 2022 y 2012). Es toda una leyenda del rugby.

U2

Bono, The Edge, Larry Mullen Jr. y Adam Clayton son miembros de este fenómeno mundial formado en Dublín en 1976, que ya no necesita presentación alguna. Se dice incluso que el grupo ha alcanzado tal grado de fama que es conocido hasta en lugares donde el nombre de Irlanda es desconocido. Por supuesto, la banda tiene su propia efigie de cera en el Museo de Cera de Dublín, donde Bono y The Edge poseen un hotel de lujo, el The Clarence. En 2023, tras un largo descanso, U2 publicó un álbum acústico, *Songs of Surrender*, y actuó entre septiembre de 2023 y marzo de 2024 en el nuevo y ultramoderno The Sphere de Las Vegas.

© NORTHERN IRELAND TOURIST BOARD

Festival of Fools.

VISITA

Parque Nacional de Killarney.
© TIRAMISU STUDIO – SHUTTERSTOCK.COM

DUBLÍN ★★★★

Con su encanto provinciano, Dublín es, sin embargo, una ciudad bulliciosa. En una isla enfrentada al viento y al océano, la ciudad es o azotada, o acariciada por las olas, la niebla y la lluvia. Un clima oceánico que, aunque suavizado por la corriente del Golfo, ha moldeado, forjado y esculpido a lo largo de los siglos la ciudad más cosmopolita de Irlanda.

Los celtas fueron los primeros en asentarse a orillas del río Liffey. Luego, en el año 841, los vikingos, que fundaron el fuerte de Dubh Linn, los expulsaron. A esta invasión siguió, en el siglo XII, la de los ingleses, que en el siglo XVI impusieron el Acta de Supremacía (uno de los fundamentos de la Iglesia anglicana) y posteriormente, en 1801, el Acta de Unión, que supuso la abolición del Parlamento irlandés. Durante la Gran Hambruna de 1845, Dublín recibió una afluencia de campesinos y provincianos. A lo largo del siglo XIX, la capital estuvo en el centro de los movimientos independentistas y culturales, y fue en Dublín donde comenzó el largo camino hacia la independencia en 1916. En 1922, cuando Irlanda se dividió en dos, Dublín se convirtió en la capital del Estado Libre Irlandés. La República de Irlanda se proclamó en 1949.

La ciudad alberga numerosos edificios georgianos, excelentes museos y una animada vida nocturna.

Grafton Street y barrio georgiano

De todos los distritos de Dublín, este es sin duda el más rico desde el punto de vista cultural. El Dublín georgiano fue diseñado por Luc Gardener, que además da nombre a la Georgian Gardener Street. Este distrito está situado al este del Dublín de moda y de Grafton Street, y en la orilla sur de la ciudad (hasta el Gran Canal). La arquitectura georgiana de Dublín se remonta a los años 1700 y su construcción se prolongó hasta la década de 1830.

Orilla norte

Escenario de los levantamientos contra la ocupación inglesa, esta zona aún conserva la huella de aquel período de

© PAWEL GAUL – ISTOKPHOTO.COM

El río Liffey atraviesa la ciudad de Dublín.

la historia que forjó la mentalidad y el espíritu de independencia irlandeses. En la calle O'Connell se erigen estatuas de los líderes independentistas, mientras que la General Post Office y la Custom House son parte integrante de la turbulenta historia de la capital.

Temple Bar y Liberties

Bienvenido al barrio turístico por excelencia de Dublín. Temple Bar debe su nombre a la familia Temple, que se instaló en la zona en el siglo XVII, y en particular a William Temple (1628-1699), rector del Trinity College. Es una zona que ha experimentado una enorme transformación. Antaño abandonada, Temple Bar se ha convertido en un barrio emblemático de la capital, así como en un *centro cultural y comercial* que alberga cines de arte y ensayo cinematográfico, galerías de arte, tiendas de segunda mano y de discos y, sobre todo, numerosos restaurantes, cafés, bares y pubs.

Qué ver – Qué hacer

Barrio georgiano ⭐⭐⭐

■ **JARDINES DE IVEAGH** ⭐
2 Clonmel Street - Dublin 2
✆ +353 1 475 7816
iveaghgardens.ie
Situados cerca de Saint Stephen's Green, entre Clonmel Street y Upper Hatch Street, estos hermosos jardines públicos apenas son conocidos por los turistas. Considerado el jardín secreto de la ciudad, se accede a él a través de una pequeña entrada en Clonmel Street. Diseñados por Ninian Niven en 1863, estos jardines de inspiración gótica

incluyen senderos arbolados, una gruta, cascadas, fuentes, un laberinto y un jardín de rosas. Es un sitio ideal para dar un tranquilo paseo por uno de los espacios más bellos y menos conocidos de la capital.

■ **MERRION SQUARE PARK**
Merrion Square - Dublin 2
Autobuses 7 y 7A desde O'Connell Street.
El jardín de Merrion Square es un remanso de paz. Este bonito parque, construido en 1762, conserva un cierto encanto georgiano. Hay una gran colección de esculturas en Merrion Square (incluida la de Oscar Wilde en Merrion Square North, frente a la casa de su infancia), así como una increíble colección de farolas. En algunas de las casas que rodean el parque se pueden ver placas con los nombres de sus famosos ocupantes. Cuando hace buen tiempo, mucha gente viene a pasear, hacer un pícnic y relajarse en el césped.

VISITA

Jardines de Iveagh.

■ MUSEUM OF IRISH LITERATURE (MOLI) ★★

UCD Naughton Joyce Centre
86 St Stephen's Green - Dublin 2
✆ +353 1 716 5900
moli.ie; hello@moli.ie

El MoLI es uno de los museos más nuevos de la capital irlandesa. Abrió sus puertas en 2019, sustituyendo al venerable Dublin Writers Museum. En este nuevo escenario, se puede ver una exposición permanente sobre James Joyce (incluida la primera edición del *Ulises*) y los principales escritores irlandeses. Y para completar la visita, también hay un encantador jardín un poco escondido y una cafetería.

■ NATIONAL GALLERY OF IRELAND ★★★

Merrion Square West - Dublin 2
✆ +353 1 661 5133
www.nationalgallery.ie; info@ngi.ie

Un excelente museo en el que pasar medio día. La National Gallery se construyó en 1854 y se abrió al público en enero de 1864. Su magnífica colección incluye muchas grandes obras de maestros irlandeses y artistas de las grandes escuelas europeas de pintura. La galería tiene cuatro alas: Beit, Milltown, Dargan y la soberbia Millennium. La primera planta está dedicada casi exclusivamente a pintores irlandeses e ingleses. Durante los siglos XVII y XVIII, hubo una fuerte influencia de la pintura inglesa en el arte irlandés. De hecho, la mayoría de los pintores irlandeses vendían sus cuadros en Inglaterra y muchos vivían allí. *A View of Powerscourt Waterfall*, del paisajista George Barret; *The Conjuror*, de Nathaniel Hone; y el *Autorretrato* de James Barry ilustran este período. En la sala 17, destaca la imponente obra de Francis Danb, *The Opening of the Sixth Seal*, y en la sala 18, *Military Manoeuvres*, de Richard Thomas Moynan. A partir de finales del siglo XIX, la pintura irlandesa se emancipó y recibió nuevas influencias, sobre todo de los impresionistas franceses. Destacan los paisajes postimpresionistas de Roderic O'Connor, que llegó a pintar a Francia. La sala 21 está enteramente dedicada al excepcional Jack B. Yeats. Ilustrando el horror y la devastación de la guerra, *Grief* (1951) es uno de sus cuadros expresionistas más famosos. La sala 22 contiene retratos y el cuadro más grande de la colección: *The Marriage of Strongbow and Aoife*, de Daniel Maclise.

A continuación, le recomendamos que se dirija a la Millenium Wing. Aquí podrá observar el continuo desarrollo de la pintura en Irlanda. La influencia de los impresionistas es evidente en muchas de las obras, sobre todo en las de William Leech, o en los paisajes de Paul Henry. No hay que perderse la sala dedicada a William Orpen, uno de los artistas más renombrados de este período, que pintó *The Holy Well*, una compleja sátira de la Irlanda occidental. Luego está el auge del modernismo y su influencia en el arte irlandés y las obras de Mainie Jellett, Norah McGuinness, Mary Swanzy, Jack B. Yeats, etc.

En las salas dedicadas al arte inglés, se pueden admirar *The Dublin Volunteers on College Green*, de Frances Wheatley (1779), y *Mrs Greeve with her Children*, de Philip Reinagle (1782). La sala 9 expone un sublime retrato de Gainsborough, *The Cottage Girl*.

En la segunda planta, se muestran obras de los grandes maestros europeos. En la parte superior de la escalera se exponen cuadros de artistas españoles: El Greco,

Biblioteca Nacional de Irlanda.

VISITA

Goya, Velázquez… A continuación, la pintura italiana ocupa un lugar destacado con obras maestras como el imperdible *Ecce Homo* de Tiziano, en el que Cristo aparece sufriendo con una lágrima en la mejilla. Sin olvidar las obras de Bellini, Mazzolini, Perugino, Becafumi, entre otros. Luego es el turno de la pintura francesa; con obras como *The Gleaners,* de Jules Breton, de Monet, cuadros de Signac, Poussin, Fragonard… Y cuadros de artistas extranjeros que han pintado en Francia, como Pablo Picasso.

En el ala Milltown, la pintura flamenca y holandesa se ilustra a través de obras de Jordaens, Rubens, Rembrandt, Bruegel… Y en la sala 40, no se pierda *Una dama escribe una carta con su sirvienta*, obra maestra de Vermeer.

■ NATIONAL LIBRARY OF IRELAND ⭐⭐

Main Library - Kildare Street
✆ +353 1 603 0200
www.nli.ie; info@nli.ie

La Biblioteca Nacional de Irlanda es uno de los lugares que hay que ver.

Fundada en 1890 por el arquitecto Thomas Newenham Deane, cuenta con la mayor colección del mundo de libros, manuscritos, pinturas y fotografías sobre Irlanda. La colección principal está dedicada al escritor y poeta William Butler Yeats, ganador del Premio Nobel de Literatura en 1923. Algunas partes de la biblioteca están abiertas al público, incluida su famosa sala de lectura, con su techo abovedado.

■ NATIONAL MUSEUM OF IRELAND – ARCHAEOLOGY ⭐⭐

Kildare Street, 10- Dublin 2
✆ +353 1 677 7444
www.museum.ie
info@museum.ie

La sección de arqueología del National Museum of Ireland posee una magnífica colección que abarca desde la prehistoria hasta la Edad Media, incluida una notable selección de ornamentos de oro de la época vikinga. Las colecciones se agrupan en varios temas. El tesoro es la principal atracción. Contiene magníficos ejemplos de arte celta y medieval, entre los que destacan el *cáliz de Ardagh* (siglo IX) y el *broche de Tara* (siglo VIII). Entre los objetos más bellos se hallan dos brazaletes de oro cilíndricos y acanalados; un collar de oro hallado en 1932 en el condado de Clare; un par de pendientes encontrados en el condado de Roscommon y dos soberbios torques de oro procedentes del condado de Meath. También son interesantes la placa de la crucifixión (siglo VIII d. C.), en la que el cuerpo de Cristo está tallado con espirales y rodeado de ángeles y soldados mucho más pequeños; el báculo de Clonmacnoise, reconocible por el escudo coronado de animales entrela-zados; y, lo más simbólico, la campana de san Patricio con su relicario.

Por último, Ireland's Gold alberga la mejor colección de objetos de oro prehistóricos de Europa. En las demás salas, descubrirá también la Irlanda prehistórica, el período vikingo (800-1200), la lucha por la independencia (1916-1921), así como una exposición dedicada a la Edad Media. Una visita realmente agradable.

■ SAINT STEPHEN'S GREEN PARK ⭐⭐

Saint Stephen's Green - Dublin 2
℡ +353 1 475 7816
ststephensgreenpark.ie
parkmanager@opw.ie

Se trata de un agradable parque de nueve hectáreas en el centro de la ciudad, cuyo trazado se remonta al siglo XVII (1664). Durante el esplendor de la época georgiana, el acceso estaba restrin-gido a los residentes ricos. En 1877, la familia Guinness utilizó su influencia para reabrirlo al público. El parque cuenta con césped arbolado, una fuente, un lago y esculturas como el busto de James Joyce, la estatua de Wolfe Tone o el monumento a la Gran Hambruna. Es tanto un lugar para relajarse como un paraíso para los corredores. El palco de música, que data de 1887, acoge conciertos (gratuitos) en verano.

■ TRINITY COLLEGE ⭐⭐⭐

College Green - Dublin 2
℡ +353 1 896 1000
www.tcd.ie/visitors/
communications@tcd.ie

Situada en pleno centro de la ciudad, la universidad Trinity College es una institución que sería una pena perderse durante su estancia en Dublín. El edificio es sobrio, pero en él han estudiado alumnos tan ilustres como Oliver Goldsmith (famoso poeta irlandés), Jonathan Swift (autor de *Los viajes de Gulliver*), Robert Emmet (líder nacionalista irlandés), Samuel Beckett (Premio Nobel de Literatura), Douglas Hyde (primer presidente irlandés tras la independencia en 1922), Bram Stoker (autor de *Drácula*), John Millington Synge (monumento de la literatura irlandesa) u Oscar Wilde (famoso escritor irlandés), entre otros. La primera universidad de Irlanda fue fundada en 1592 por la reina Isabel I siguiendo el modelo de las prestigiosas universidades inglesas, con el objetivo de «civilizar Irlanda con la enseñanza y la religión protestante». La Trinity College era una universidad protestante y, hasta 1966, los estudiantes católicos seguían necesi-tando de una dispensa para ser admitidos. Las mujeres no fueron admitidas hasta 1903. Esta universidad es, por tanto, un recuerdo del largo proceso de emancipa-ción de la comunidad católica irlandesa de las garras del Reino Unido.

Hoy en día, la Trinity College es totalmente mixta y acoge a más de

18 900 estudiantes de todos los orígenes. El campus está repleto de gente y es un lugar animado para pasear mientras piensa en todos los grandes nombres de la historia que han pisado la universidad. No queda rastro del edificio original, aunque el más antiguo data del siglo XVIII. La Trinity College ha crecido considerablemente a lo largo de los siglos. Dentro del recinto, también se puede admirar el campanario (una torre de 30 metros de altura), donado en 1853 por el obispo del condado de Armagh, así como la capilla (a la izquierda al entrar por la puerta principal, frente al College Green).

▶ **Old Library, la biblioteca más antigua de Dublín.**
Desde el patio principal de la Trinity College se accede a la Old Library, que alberga miles de libros raros y antiguos, entre ellos el famoso *Book of Kells*. Este manuscrito, escrito en latín, es un libro del Evangelio sublimemente iluminado (decorado con letras capilares e ilustraciones doradas), que data del siglo IX, pretexto de admirables invenciones animales y decorativas de una maestría artística poco común. Se considera uno de sus tesoros históricos más preciados.

▶ **De un libro a otro, es imposible evitar la Long Room.**
En el piso superior se encuentra la impresionante Long Room, la nave central de la venerable biblioteca de la Trinity College. Esta sala de 64 metros de largo está repleta de libros (unos 200 000 volúmenes), la mayoría de los cuales datan del siglo XVI. Aún hoy, a pesar de la independencia de Irlanda, la biblioteca de Trinity College conserva el derecho (del que solo disfrutan cuatro bibliotecas británicas) de recibir un ejemplar de cada título publicado en el Reino Unido. También hay bustos de mármol de todos los autores que figuraban en la lista cuando se fundó la biblioteca en 1592. Además, se expone el arpa más antigua de Irlanda, que probablemente data del siglo XV.

▶ **Tenga en cuenta que, desde 2022,** la biblioteca está siendo objeto de obras de renovación por tiempo indefinido, en particular para restaurar los libros antiguos. La antigua biblioteca y la sala larga permanecerán abiertas a los visitantes hasta finales de 2025, cuando comenzarán las obras de restauración y construcción. Se calcula que esta importante renovación costará al menos noventa millones de euros.

Orilla norte

■ **DUBLIN CITY GALLERY – THE HUGH LANE**
Charlemont House
Parnell Square North - Dublin 1
℅ +353 1 222 5564
www.hughlane.ie
info. hughlane@dublincity.ie
Autobuses 3, 7, 10, 11, 13, 16, 19 y 46A.
Esta galería dedicada al arte moderno debe su existencia a Hugh Lane, un coleccionista de arte que la inauguró en 1908 y que finalmente decidió donarla a la ciudad. Albergan magníficas colecciones de arte contemporáneo de artistas irlandeses e internacionales como Auguste Rodin, Walter Osborne, William Orpen, Jack B. Yeats, Mary Swanzy, Niki de Saint Phalle, Joseph Beuys, Louis le Brocquy, Francis Bacon, etc. También se puede ver una reconstrucción del estudio de Francis Bacon.

VISITA

■ **EPIC THE IRISH EMIGRATION MUSEUM** ⭐⭐

Custom House Quay
☎ +353 1 906 0861
www.epicchq.com
info@epicchq.com

A 10 minutos a pie del centro de la ciudad. Luas (línea roja): Dock George.

Situado en la nueva y rápidamente cambiante zona de Docklands (no lejos del Famine Memorial), este museo de la diáspora irlandesa es uno de nuestros favoritos en la capital. Inaugurado en mayo de 2016, se encuentra en un vasto edificio construido entre 1817 y 1820, un antiguo almacén de tabaco, té y licores, llamado CHQ Building. Este museo es uno de los pocos del mundo con una exposición totalmente digitalizada.

En su propuesta podrá encontrar una visita conmovedora, lúdica e interactiva a través de veintiuna galerías subterráneas, y animada gracias a pantallas gigantes. En definitiva, un escenario único para una inmersión muy realista en la cultura irlandesa, desde la historia de los pubs hasta la de la música, pasando por la Gran Hambruna, la danza, el deporte, el arte y, sobre todo, las (a menudo) terribles migraciones que llevaron a la diáspora irlandesa a otros países, especialmente a Boston, en Estados Unidos. También le sorprenderá descubrir los orígenes irlandeses de algunas personalidades conocidas, pero le dejamos el privilegio de descubrirlas. Otra iniciativa original del museo EPIC es el pasaporte para llevar a casa, que hay que sellar en cada una de las salas visitadas. La entrada no es gratuita, pero más que una simple visita, es una experiencia que merece la pena. Dedique unas dos horas (sin aburrirse) para visitar

y disfrutar de esta inmersión única en la cultura irlandesa. Se trata de una visita que no debe perderse.

■ **MONUMENTO CONMEMORATIVO DE LA HAMBRUNA** ⭐⭐

Custom House Quay - Dublin 1

Estas estatuas, obra del escultor dublinés Rowan Gillespie, se erigieron en 1997 como homenaje a las víctimas de la trágica Gran Hambruna que diezmó a un millón de personas (y provocó el éxodo de casi dos millones más, en su mayoría a Estados Unidos) entre 1845 y 1849. La causa fue el tizón, una enfermedad entonces desconocida de la patata. Estas esculturas representan a estas personas desafortunadas. Sus figuras demacradas y sus ojos ojerosos subrayan la singular atrocidad de esta terrible página de la historia de Irlanda. El efecto que provoca es intenso.

■ **GAA MUSEUM – CROKE PARK**

St. Joseph's Avenue
Drumcondra - Dublin 3
☎ +353 1 819 2300
www.crokepark.ie/gaa-museum
gaamuseum@crokepark.ie
Autobuses 3, 11, 11A, 16, 16A.

▶ **GAA Museum.** Este museo dedicado a los deportes gaélicos irlandeses está gestionado por la Federación de Deportes Gaélicos. Pretende poner en valor la vida irlandesa de los últimos más de 100 años, trazando la historia del fútbol gaélico, el *hurling* y el *camogie* (la versión femenina del *hurling*).

▶ **Croke Park.** También puede hacer una visita guiada al mayor estadio de Irlanda, la «catedral de los deportes gaélicos», con 82 000 plazas. Fundado en 1884, saltó a los titulares el 21 de noviembre

© EDROY - SHUTTERSTOCK.COM

Epic The Irish Emigration Museum.

de 1920, cuando unos paracaidistas del ejército británico dispararon contra la multitud, matando a catorce personas.

■ GENERAL POST OFFICE – GPO WITNESS HISTORY ⭐⭐

O'Connell Street Lower - Dublin 1
✆ +353 1 872 1916
www.gpowitnesshistory.ie
info@gpowitnesshistory.ie
Haga una parada en la vibrante O'Connell Street. La emblemática Oficina Central de Correos (GPO) se construyó entre 1814 y 1818 en un estilo clásico, con impresionantes columnatas. Aunque la GPO es más famosa por ser el hogar de los hombres y mujeres que participaron en el Alzamiento de Pascua de 1916, el acontecimiento que dio forma a la Irlanda moderna. Luego, siguió siendo solo una oficina de correos en funcionamiento que mantenía una tradición de servicio público en un entorno bello y reconocido. Sin embargo, en 2016, con motivo del centenario del Alzamiento de Pascua de 1916, el nuevo museo GPO Witness History abrió sus puertas en este emblemático edificio de correos de Dublín. El museo ofrece un recorrido por la historia de Irlanda, que incluye el emblemático capítulo de la «Pascua sangrienta», el surgimiento del Estado irlandés y la cultura gaélica irlandesa. La exposición es realmente entretenida e interactiva, con una experiencia audiovisual inmersiva de quince minutos, pantallas táctiles, grabaciones sonoras, ilustraciones, objetos de época, etc. Es una visita obligada para comprender mejor la identidad cultural de este país con una historia turbulenta. El museo también ofrece una visita guiada muy instructiva (para aquellos que lo deseen) de aproximadamente una hora. ¡Realmente fascinante!

■ JAMES JOYCE CENTRE ⭐⭐

35 North Great George's Street Dublin 1
✆ +353 1 878 8547
www.jamesjoyce.ie
info@jamesjoyce.ie
Ubicado en una hermosa mansión georgiana, el centro está dedicado a la

vida y la obra del famoso escritor. Aquí se pueden seguir las diferentes etapas de su vida a través de películas e instalaciones interactivas, con un enfoque especial en su famoso libro *Ulises*. Podrá descubrir, por ejemplo, que fue la librería anglófona de París, Shakespeare and Company, la que publicó la primera edición de la novela en 1922. También organizan regularmente *walking tours* para conocer los lugares emblemáticos de la obra de James Joyce.

■ JAMESON DISTILLERY
Bow Street
Smithfield, Dublin 7
✆ +353 1 807 2355
www.jamesonwhisky.com
Luas: Smithfield (línea roja).
«*Sine Metu*», que significa «sin miedo» en gaélico, es el lema de la familia Jameson, ¡que aparece en todas las botellas de la marca! Hay que reconocer que había que tener agallas para abrir una nueva destilería en Irlanda en 1780, cuando los güisquis irlandeses ya estaban bien establecidos y, no lo olvidemos, John Jameson era de origen escocés. Aun así, casi doscientos años después de la muerte de su creador, Jameson sigue siendo el whisky irlandés número uno del mundo. La destilería se ha trasladado ahora a Cork, pero los antiguos edificios se han restaurado para permitir a los visitantes descubrir el mundo de Jameson y aprender más sobre el proceso de elaboración de esta famosa bebida. La visita guiada incluye una presentación audiovisual de la historia y los orígenes de Jameson, seguida de un recorrido por la guarida de la destilería, donde se explica el proceso «*from grain to glass*» (del grano al vaso) y se involucran los sentidos. Aprenderá todo sobre las técnicas de fermentación, (triple) destilación y maduración utilizadas para elaborar whisky. Por último, ¡el esperado momento de la cata! Proponen catar a ciegas tres güisquis de orígenes diferentes (normalmente un americano, un escocés e inevitablemente… un Jameson irlandés). Después de una visita instructiva, esta cata debería tener todo el sentido del mundo, y las diferencias, en particular entre destilación simple, doble y triple, le quedarán claras. Por último, su entrada le da derecho a un cóctel gratuito en el magnífico bar de la planta baja.

■ NATIONAL MUSEUM OF DECORATIVE ARTS & HISTORY
Collins Barracks
Benburb Street - Dublin 7
✆ +353 1 677 7444
www.museum.ie; info@museum.ie
Autobuses 90, 25, 25A, 66 y 67.
Luas: Museum (línea roja).
El Museo Nacional de Artes Decorativas e Historia alberga una amplia colección de objetos relacionados con la historia social, económica y militar de Irlanda. Su variada colección incluye cerámica, platería, armas, muebles, trajes, instrumentos científicos y mucho más. El museo se aloja en los imponentes edificios neoclásicos del Collins Barracks, que es un antiguo cuartel militar construido en 1702. Es una visita interesante.

■ THE SPIRE
O'Connell Street- Dublin 1
Bautizada oficialmente como el «Monument of Light» (Monumento de la luz), The Spire es una enorme escultura en forma de aguja, de 120 m de altura, con una punta que se ilumina por la noche. Se inauguró en 2003 y se levanta en el lugar de una antigua estatua del

almirante británico Horatio Nelson que fue destruida por el IRA en 1966. Diseñada por el arquitecto Ian Ritchie, se dice que The Spire es la escultura más alta del mundo. Aunque esta sorprendente obra arquitectónica es a menudo motivo de burla, se ha convertido en uno de los nuevos símbolos de la capital.

Temple Bar y Liberties

■ CHESTER BEATTY LIBRARY

Dublin Castle
Clock Tower Building - Dublin 2
℡ +353 1 407 0750
chesterbeatty.ie; info@cbl.ie

Se trata, sin duda, de uno de los mejores museos de Dublín y, de hecho, del país. Alfred Chester Beatty (1875-1968) nació en Nueva York e hizo su fortuna en la minería. Apasionado del arte y gran viajero, coleccionaba libros raros, cuadros, trajes y objetos de arte, entre otros, atraído por las diferentes culturas. En la primera planta hay una colección de objetos de Europa, Asia y Oriente Medio: libros ilustrados, materiales de escritura japoneses, ropa china, espadas, grabados diversos y de moda franceses de principios del siglo XX, papiros egipcios, libros de la Edad Media y del Renacimiento. También se expone la serie de grabados de Goya *Los desastres de la guerra*. Se trata de una colección ecléctica de objetos, cada uno más bello que el otro. En las paredes, los vídeos explican el proceso de fabricación de libros, papel y grabados.

La segunda planta está dedicada al arte religioso y alberga una colección de coranes de los siglos IX al XIX, considerados los mejores ejemplos de textos islámicos ilustrados del mundo. También se muestran páginas dañadas de los Evangelios de Juan y Lucas en griego antiguo (del siglo III), textos antiguos en papiro y manuscritos de Myanmar (Birmania). Una colección impresionante.

▶ **A tener en cuenta:** como la Chester Beatty Library envía obras a todo el mundo para otras exposiciones, es posible que algunas no estén expuestas cuando usted la visite. Compruébelo antes si viaja para ver una pieza en particular.

■ CHRIST CHURCH CATHEDRAL

Christchurch Place - Dublin 8
℡ +353 1 677 8099
christchurchcathedral.ie
welcome@christchurch.ie
Autobuses 49, 50, 51B, 54A, 56A, 77, 77A, 78A, 123. DART: Tara Street. Luas: Four Courts (línea roja) o St. Stephens Green (línea verde).

Originalmente, la catedral fue construida en madera por los daneses en 1028. Fue reconstruida en piedra en el siglo XII por el conde anglonormando Richard de Clare, más conocido como Strongbow, lo

© PAVEL LOSEVSKY

Christ Church Cathedral.

VISITA

que la convierte en el edificio de piedra más antiguo que se conserva en Dublín. A pesar de haber sido restaurada en el siglo XIX, conserva en gran medida su estilo románico original. Primero celta, luego católica, la catedral se convirtió en anglicana después de la Reforma anglicana, alrededor de 1530.

En el ala sur se localiza la tumba de Strongbow. Completamente armado (escudo y casco erosionados por el tiempo), se encuentra en una posición singular: con las piernas cruzadas y el pie izquierdo completamente torcido hacia adentro. Sin embargo, la figura representada no es probablemente la de Strongbow. A su lado se encuentra un semi-yacente, un posible infante. Cuenta la leyenda que se trataría del hijo de Strongbow, cortado por la mitad por su padre cuando su valentía fue cuestionada en una batalla. El coro, de estilo neogótico, está tallado con motivos florales incrustados en cuadrados que rompen con la austeridad original del lugar. Frente a él, hay un bello púlpito tallado en piedra y mármol. Y, a la derecha del coro, está colgado un curioso cuadro, con un gato y una rata momificados que se encontraron en un tubo de órgano alrededor de 1860.

La visita finaliza en la cripta medieval, repleta de yacentes solitarios, esculturas polvorientas y documentos descoloridos.

■ **DUBLIN CASTLE**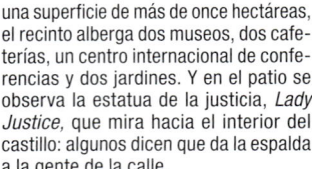
Dame Street - Dublin 2
℅ +353 1 645 8813
www.dublincastle.ie
info@dublincastle.ie
El castillo de Dublín fue durante mucho tiempo la sede de la administración británica. Aunque se construyó en 1204, no queda casi nada de esa época. Con una superficie de más de once hectáreas, el recinto alberga dos museos, dos cafeterías, un centro internacional de conferencias y dos jardines. Y en el patio se observa la estatua de la justicia, *Lady Justice,* que mira hacia el interior del castillo: algunos dicen que da la espalda a la gente de la calle.

▌ **Los State Apartments** son el único espacio de pago en el castillo. La sala del trono es especialmente interesante. Solo visitas guiadas.

▌ **La capilla Real**, de estilo neogótico, fue diseñada por Francis Johnston. Tómese su tiempo para admirar las bóvedas, las galerías y los adornos de yeso y roble finamente tallados.

▌ **El Garda Museum** se encuentra en la Tower Record de estilo normando construida en el siglo XIII. Es la única torre que queda intacta, no solo en este castillo, sino también en el Dublín medieval.

▌ **La Chester Beatty Library** expone los tesoros (manuscritos, grabados, iconos, pinturas en miniatura, libros antiguos y artefactos) de las culturas y religiones de Asia, Oriente Medio, África del Norte y Europa.

▌ **El Revenue Museum,** situado en la cripta de la capilla Real, ofrece una forma divertida de conocer la historia de la recaudación de impuestos en Irlanda.

▌ **Detrás del castillo** hay un jardín con bancos dispuestos en arco, muy agradable cuando hace buen tiempo. Junto con la Chester Beatty Library, es el lugar más interesante del castillo.

■ **DUBLINIA**
Christchurch
St Michaels Hill - Dublin 8
℅ +353 1 679 4611

www.dublinia.ie; info@dublinia.ie
Autobuses 49, 49A, 54A, 121, 123,
150. Luas: Four Courts (línea roja).
Situado junto a la Christ Church
Cathedral, este museo cuenta la historia
de Dublín en la época vikinga y medieval.
Gracias a su muy buen material audiovisual, la exposición del mundo vikingo
ha sido todo un éxito. ¡Y bien merecido!
Se pueden ver maniquíes disfrazados,
la reconstrucción de un barco vikingo,
y los usos y costumbres se cuentan con
sencillez y entusiasmo. También podrá
probarse ropa vikinga, visitar una casa de
la época e incluso ¡convertirse en esclavo!
En la segunda planta, se adentrará en la
época medieval. Las maquetas a tamaño
natural, las reconstrucciones de calles y
casas y las exposiciones educativas interactivas (incluyendo algunos comenta-
rios) permiten imaginar la vida cotidiana
de los dublineses de la época. Las ferias
y los juegos medievales completan este
rico panorama.
En la última planta se puede ver una
colección de objetos desenterrados en
las inmediaciones de Wood Quay, tras
las investigaciones de historiadores
irlandeses. Las técnicas utilizadas aquí
son muy detalladas y absolutamente
fascinantes.
La visita termina en la cima de Saint
Michael's Tower (construida en el
siglo XVII), desde donde se disfruta de
una impresionante vista panorámica
de la ciudad y el Liffey (aunque tendrá
que subir los 96 escalones). Una visita
informativa y entretenida a Dublinia
contentará a toda la familia. Es una
actividad que no se puede perder.

▶ **Consejo para la visita.** Hay un
puente aéreo que une Dublinia con la
catedral, por lo que tendrá la oportu-

nidad perfecta para combinar estas dos
visitas sin perder tiempo. Además, puede
beneficiarse de una entrada combinada
a un precio especial.

■ **GUINNESS STOREHOUSE**
St James's Gate - Dublin 8
✆ +353 1 408 4800
www.guinness-storehouse.com
info@guinnessstorehouse.com
Autobús 123 desde O'Connell Street.
Tranvía: parada St. James's Hospital.
Guinness Storehouse es el monumento
a la cerveza en Dublín. Con más de un
millón de visitantes al año, se trata de
la atracción turística más popular de
Irlanda. Aquí se produce diariamente
la famosa cerveza que se exporta a
todo el mundo.
La mítica *stout* con espuma cremosa
nació en 1759 gracias a Arthur Guinness,
en el corazón de la cervecería St. James
Gate. Con solo 34 años, y pocos medios,
logró el ambicioso reto de competir con
las cervezas inglesas más conocidas. En
1838, St. James Gate se convirtió en la
mayor cervecería de Irlanda y, en 1914,
en la mayor del mundo.
La Guinness Storehouse, inaugurada
en el año 2000 en una antigua unidad
de fermentación, es ahora un museo
dedicado a la gloria de la empresa
irlandesa. Con forma de pinta gigante
(¡se necesitarían más de 14 millones
de pintas para llenarla!), le adentra en
la guarida de la famosa marca para
descubrir su historia, su proceso de
fabricación y la historia de la familia
Guinness. En la planta baja se encuentran los cuatro ingredientes esenciales
para la fabricación de cerveza: agua,
cebada, lúpulo y levadura. También se
pueden ver las herramientas tradicionales utilizadas antaño por los cerve-

ceros. En 2015, se abrió una nueva planta, esta dedicada a la evolución de las botellas y a la historia de la publicidad de la marca. La visita termina con una pinta en el famoso Gravity Bar, un bar panorámico situado en la séptima planta, en la parte superior del edificio, que ofrece una fabulosa panorámica de Dublín.

■ HA'PENNY BRIDGE

Lower Liffey Street
Construido en 1816, este puente es el paso peatonal más antiguo de Dublín sobre el río Liffey. Originalmente se llamaba Wellington Bridge, pero recibió el apodo de «Ha'penny» por la tarifa de medio penique (*half penny*) que se cobraba hasta 1919 por cruzarlo. Antes de que se construyera el Millennium Bridge en 2000, era el único puente peatonal de la ciudad. Este puente de hierro forjado atrae a músicos y románticos por igual. En sus comienzos, U2 se hizo una serie de famosas fotos en este puente.

■ IRISH MUSEUM OF MODERN ART (IMMA) ⭐⭐

Royal Hospital
Military Road - Kilmainham, Dublin 8
✆ +353 1 612 9900
www.imma.ie; info@imma.ie
Luas: Heuston Station (línea roja).
Autobuses 26, 51, 79.
El Museo de Arte Moderno de Irlanda (IMMA) se inauguró en 1991 en el Hospital Real de Kilmainham, del siglo XVII, un edificio que bien merece una visita por sí mismo. El hospital fue construido entre 1680 y 1684 por el arquitecto Wiliam Robinson, quien se inspiró en los Inválidos de París. Hasta 1928 se utilizó como casa de reposo para soldados veteranos y luego quedó desocupado hasta su restauración en 1980. Es sin duda el edificio del siglo XVII más bello de la capital irlandesa y fue objeto de una importante renovación en 2013. El aspecto moderno, aireado y definitivamente contemporáneo del museo (con escalera de cristal, barandillas de aluminio, suelo gris, paredes blancas e

© MADRUGADA VERDE - SHUTTERSTOCK.COM

El Ha'penny Bridge.

iluminación inteligente) combina perfectamente con este lugar lleno de historia. El museo alberga exposiciones temporales, así como una colección permanente de más de 1700 obras, con pinturas, instalaciones y esculturas de artistas de renombre tales como Pablo Picasso, Joan Miró, Marina Abramovic, Willie Doherty, Gilbert and George, Gerard Byrne, Iran do Espírito Santo, Juan Muñoz, Barrie Cooke, Howard Hodgkin, Tony O'Malley, Jack B. Yeats, Louise Bourgeois, etc. Es sencillamente la colección de arte moderno más importante de Irlanda. Sin duda una visita obligada para los amantes del arte.

▶ **Los jardines del museo** también merecen un vistazo. Le aconsejamos que los recorra durante la visita a la cárcel de Kilmainham Gaol, por ejemplo.

■ KILMAINHAM GAOL ★★★
Inchicore Road - Kilmainham, Dublin 8
✆ +353 1 453 5984
www.kilmainhamgaolmuseum.ie
kilmainhamgaol@opw.ie
Autobuses 69 y 79 desde Aston Quay. Es uno de los lugares más interesantes de Dublín para entender su historia. Inaugurada en 1796 como prisión del condado de Dublín, Kilmainham Gaol ha visto pasar por sus muros a muchas de las principales figuras de la lucha por la independencia de Irlanda. Entre los prisioneros se encontraban Henry McCracken, fundador de United Irishmen, Robert Emmet, Charles Stewart Parnell y Éamon De Valera, uno de sus últimos prisioneros, que más tarde se convirtió en primer ministro y presidente de Irlanda. Cuando se inauguró, era una de las prisiones más modernas del país. Sin embargo, no era confortable, las ventanas no eran más que agujeros en

las paredes y los muros de piedra caliza absorbían toda la humedad, por lo que el invierno traía muchas enfermedades. A principios del siglo XIX, los asesinos y ladrones violentos eran colgados públicamente frente a ella. En la época de la Gran Hambruna, alrededor de 1840, los irlandeses perseguían ser arrestados y encerrados para asegurarse una comida al día. También se puede visitar la celda de Charles Parnell que, aunque se le encarceló, fue tratado con el respeto debido a su posición de «rey sin corona». En 1916, durante el Alzamiento de Pascua, varios líderes nacionalistas fueron encarcelados y posteriormente ejecutados, entre ellos Willie Pearse y Joseph Plunkett. Los últimos prisioneros fueron liberados al final de la guerra civil en 1924. La visita incluye una presentación audiovisual en la capilla, una visita guiada de la prisión y un museo. No se lo pierda.

■ SAINT PATRICK'S CATHEDRAL ★★
21 Saint Patrick's Close - Dublin 8
✆ +353 1 475 4817
www.stpatrickscathedral.ie
info@stpatrickscathedral.ie
La catedral de Saint Patrick, uno de los símbolos de la capital irlandesa, se fundó en 1191. En el siglo XIX fue objeto de una profunda restauración que modificó su aspecto original. Al entrar, a la izquierda, lo primero que llama la atención es el monumento de piedra policromada de la familia Boyle, erigido por Richard Boyle, conde de Cork, en el siglo XVII. Este monumento se eleva a la altura de la vidriera y está decorado con pinturas y esculturas de miembros de la familia. En el centro, el niño en el suelo es Robert Boyle, hijo de Richard, que se

convirtió en un famoso físico. También hay dos hermosas piedras talladas con cruces que tienen la distinción simbólica de haber sido encontradas cerca del manantial sagrado de Saint Patrick. En el transepto norte se encuentra el Swift's Corner, que contiene la biblioteca del que fue deán de la catedral de 1715 a 1743, con todas sus obras. Detrás de la vitrina está la máscara mortuoria del escritor y, a la derecha, su sillón y su escritorio. La sillería, antes del coro, está coronada con yelmos o banderas (estandartes de caballeros) y espadas: la cruz y el estandarte.

Por último, la visita termina con las tumbas (dos brillantes losas de cobre) de Swift y su amada, Esther Johnson, apodada Stella. La exposición permanente *Living Stones* celebra el lugar de la catedral en la vida de la ciudad irlandesa, su historia y su papel desde su construcción. No se lo puede perder.

■ **WAR MEMORIAL GARDENS**
South Circular Road
Islandbridge - Dublin 8
✆ +353 1 475 7816
www.opwdublincommemorative.ie
info@heritageireland.ie
Autobuses 51, 68 y 69 desde Aston Quay.

Estos magníficos jardines están dedicados a la memoria de los 49 400 soldados irlandeses que murieron en la Primera Guerra Mundial, entre 1914 y 1918. Es seguramente uno de los monumentos de este tipo más importantes de Europa. Los nombres de los soldados están inscritos en los magníficos manuscritos ilustrados de Harry Clarke en las *granite bookrooms* del lugar. Los distintos elementos del monumento fueron diseñados por Sir Edwin Lutyens. Por supuesto, los hermosos espacios verdes de Islandbridge también invitan a pasear con la familia.

■ ALREDEDORES DE DUBLÍN ■

Marino

Marino es una pequeña comunidad residencial que se desarrolló en las décadas de 1920 y 1930. La mayoría de las casas son de hormigón, un material poco utilizado en Irlanda en aquella época. Aquí se encuentra el Casino, uno de los más bellos edificios neoclásicos del siglo XVIII en Europa.

Malahide

Pequeña ciudad pintoresca a orillas del mar, al norte de Dublín. A pesar de su gran crecimiento residencial y comercial,

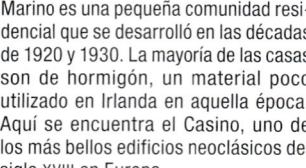

Malahide ha sabido conservar mucho de su carácter rural.

■ **CASTILLO Y JARDINES DE MALAHIDE**
Back Road
✆ +353 1 816 9538
www.malahidecastleandgardens.ie
Autobús 42 desde la Talbot Street. En DART, Malahide Train Station (línea Dublín-Drogheda/Dundalk). Página web accesible a través de los servicios de DoDubin Tours.

El Malahide Castle es uno de los castillos más antiguos de Irlanda y una visita obligada en los alrededores de Dublín.

VISITA

Malahide Castle.

Desde 1185 hasta 1975, fue el hogar de la familia normanda Talbot, que consiguió mantenerlo durante casi 800 años (1185-1975), con la excepción del período en que Cromwell estuvo en el poder (1649-1660). En 1169, en la época de la invasión anglonormada, Malahide estuvo bajo el control de Hammund Mac Turkill, el último rey vikingo de Dublín. Fue en 1185 cuando Richard Talbot, un caballero que acompañó a Enrique II, rey de Inglaterra, a Irlanda en 1174, recibió las «tierras y el puerto de Malahide». Disponen de una audioguía para la visita, donde podrá conocer la historia de la familia. De particular interés son The Great Hall, la sala de banquetes que contiene los retratos familiares; The Oak Room (la habitación de roble) y The Large Drawing Room, con un estilo más rococó. Los tapices son magníficos y el mobiliario es sistemáticamente de época. La leyenda cuenta que el castillo alberga un fantasma, Puck, que apareció por última vez en 1975. En el exterior, detrás de la fortaleza, los paisajes del Talbot Botanic Gardens son suntuosos. En este inmenso parque de más de cien hectáreas se pueden contemplar los siete invernaderos victorianos, las maquetas ferroviarias del Fry Railway Museum y las casas de muñecas del Tara's Palace. En definitiva, un paseo encantador. La cafetería y la tienda de artesanía y recuerdos completan el recinto, y bien merecen una visita.

Howth

Si le apetece ver el mar, Howth es una de las opciones más agradables. Situado a treinta minutos del centro de la ciudad, es un pequeño y encantador puerto pesquero a la entrada de una península cuyos acantilados ofrecen espléndidos paseos. Si busca un poco de tranquilidad sin alejarse demasiado de la civilización, ha llegado al lugar adecuado. También es un paraíso para los amantes de las aves, la pesca, el mar, el senderismo y la vela… Si desea más información sobre las actividades, la encontrará en la página web *www.howthismagic. com*, que se actualiza constantemente.

Si caminar no es lo suyo, Howth también es conocido por sus restaurantes de marisco: ¡por algo es un pueblo pesquero! No se rechaza una comida con vistas al mar.

Dun Laoghaire ⭐

Esta ciudad forma un conjunto urbano junto con Dalkey y Sandycove. Están bien comunicadas por autobús y Dart, y pueden combinarse para una excursión de un día. Los fans de *Ulises*, en particular, peregrinan a la torre en la que se abre la novela más grande de todos los tiempos. También disfrutará de la costa de esta pequeña parte de la región, especialmente de Dalkey (donde vive Bono), la «isla desgarrada», originalmente un puerto medieval que en el siglo XIX se convirtió en un rico suburbio costero.

▰ CONDADO DE LOUTH ▰

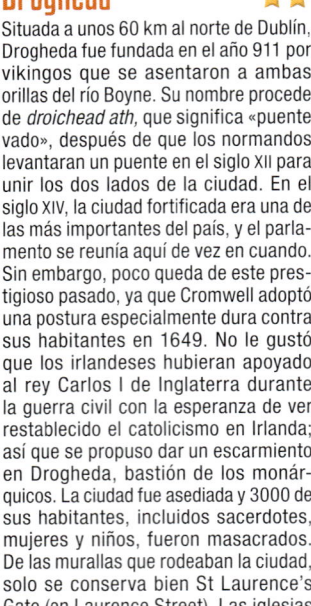

Drogheda ⭐⭐

Situada a unos 60 km al norte de Dublín, Drogheda fue fundada en el año 911 por vikingos que se asentaron a ambas orillas del río Boyne. Su nombre procede de *droichead ath,* que significa «puente vado», después de que los normandos levantaran un puente en el siglo XII para unir los dos lados de la ciudad. En el siglo XIV, la ciudad fortificada era una de las más importantes del país, y el parlamento se reunía aquí de vez en cuando. Sin embargo, poco queda de este prestigioso pasado, ya que Cromwell adoptó una postura especialmente dura contra sus habitantes en 1649. No le gustó que los irlandeses hubieran apoyado al rey Carlos I de Inglaterra durante la guerra civil con la esperanza de ver restablecido el catolicismo en Irlanda; así que se propuso dar un escarmiento en Drogheda, bastión de los monárquicos. La ciudad fue asediada y 3000 de sus habitantes, incluidos sacerdotes, mujeres y niños, fueron masacrados. De las murallas que rodeaban la ciudad, solo se conserva bien St Laurence's Gate (en Laurence Street). Las iglesias

católicas no se reconstruyeron hasta el siglo XIX, incluida la St Peter's Roman Catholic Church. Además, el viaducto y los almacenes que bordean el río son recuerdos del esplendor industrial victoriano de la localidad (principalmente textil y cervecera).

◼ MELLIFONT ABBEY ⭐
Collon
✆ +353 41 982 6103
mellifontabbey.ie
mellifontabbey@opw.ie
A 10 km al noroeste de Drogheda.
La austeridad del pasado de la abadía de Mellifont no se palpa a simple vista cuando se entra en la primera abadía cisterciense fundada en Irlanda. Estamos tan alejados de las costumbres cistercienses de san Bernardo y san Malaquías (los fundadores de la abadía) en el corazón de este pequeño valle rodeado de cantos de pájaros, a kilómetros de los rumores del mundo.
En 1142, san Malaquías fundó la abadía de Mellifont con la ayuda de unos monjes franceses enviados por san Bernardo, abad del monasterio cisterciense de Clairvaux. Esta sería la primera de las

© MURIEL PARENT

Ruinas de Mellifont Abbey, primera abadía cisterciense en Irlanda.

muchas otras abadías cistercienses que se establecieron más tarde en Irlanda. Hoy en día es difícil imaginar la grandeza y el esplendor de Mellifont, cuya arquitectura se inspiró en las abadías del continente.

De este conjunto se conservan los cuatro lados del lavabo (torre del siglo XIII donde los monjes podían lavarse) y la mayor parte de la sala capitular, cuyas arcadas, cubiertas de vegetación, difunden un hermoso y misterioso resplandor verde pálido. Delante de lavabo, cinco arcos del patio del claustro recuerdan el paseo monástico. Pero estos restos arquitectónicos por sí solos no pueden transmitir la influencia ejercida por el monasterio hasta el siglo XV. La abadía fue abandonada cuando Enrique VIII disolvió los monasterios. Se cerró definitivamente en 1539.

En la actualidad, la abadía ha convertido algunas de sus dependencias en habitaciones para huéspedes y explota una granja y un jardín (Mellifont Abbey Gardens), ambos visitables.

■ MONASTERBOICE

Monasterboice
A 8 km al noroeste de Drogheda.

Este lugar histórico, situado a 8 kilómetros de la ciudad de Drogheda, tiene una atmósfera misteriosa, incluso mística. Apenas quedan vestigios del complejo monástico fundado en el siglo V (hoy quedan las ruinas de dos iglesias y una torre redonda de más de 30 metros de altura, una de las más grandes del país, por cierto), pero se puede ir allí para admirar dos de las cruces celtas más bellas de Irlanda: la Muiredach's Cross y la West Cross. La primera, situada en la entrada del magnífico patio de la iglesia, mide 5 metros de altura y data del siglo X; la segunda, más esbelta, tiene más de 6 metros de altura y se halla cerca de la torre redonda. Los lados llevan varias escenas importantes, Adán y Eva, los Reyes Magos, San Pedro y San Pablo; hay que prestar especial atención al brazo izquierdo de la cruz de Muirendach que lleva la mano de Dios. La escultura comienza verticalmente en el panel lateral con dos serpientes entrelazadas que abrazan tres cabezas humanas, antes de terminar horizontalmente con la mano de Dios dominando nuestras cabezas. La West Cross está más dañada, pero en el lado este podemos ver a David matando a un león y a un oso, el sacrificio de Isaac, David con la cabeza de Goliat y en el lado oeste la Crucifixión, la Resurrección, el beso de Judas y el bautismo de Cristo. Las cruces celtas, que originalmente estaban destinadas a ser coloreadas, tenían una función de educación religiosa. Para disfrutar de la misteriosa atmósfera de este lugar histórico, lo mejor es visitarlo por la mañana temprano o al atardecer.

Carlingford

Al norte de la hermosa península de Cooley, la región de Carlingford es un verdadero caldo de cultivo para la mitología celta irlandesa, llena de leyendas, como la saga del siglo XII *The Cattle Raid of Cooley*, que cuenta la épica historia de la batalla entre la reina Medb y el terrible guerrero Cú Chulainn sobre el fabuloso toro marrón de Cooley.

A medio camino entre Dublín y Belfast, la pintoresca ciudad medieval de Carlingford se encuentra en la profunda ensenada marítima de Carlingford Lough, la frontera natural con Irlanda del Norte.

CONDADO DE MEATH

Boyne Valley

El valle del Boyne, una fértil tierra agrícola rica en yacimientos históricos, y atravesada por el río Boyne, ya estaba poblada en tiempos prehistóricos, como lo demuestra la necrópolis prehistórica de Brú na Bóinne, un conjunto de salas y pasadizos funerarios más antiguos que las pirámides de Egipto. El valle del Boyne es también famoso por la batalla del valle del Boyne, durante la cual el protestante

Valle del Boyne. Tumba de Newgrange.

Guillermo de Orange derrotó al católico Santiago II en 1690. Los protestantes de Irlanda del Norte todavía celebran esta victoria cada 12 de julio.

■ BATALLA DEL BOYNE ⭐⭐
Oldbridge Estate
© +353 41 980 9950
battleoftheboyne.ie
battleoftheboyne@opw.ie
Viniendo de Drogheda, gire a la izquierda en dirección a Donore y luego a la derecha siguiendo el cartel «Battle of the Boyne». Si sobrepasa el puente, es que ha ido demasiado lejos.
Esta es una oportunidad para visitar el lugar de la famosa batalla del Boyne (12 de julio de 1690), en la que Guillermo III de Orange (líder de los protestantes ingleses) y su suegro el rey Jaime II (o Jacobo II), líder de los católicos irlandeses, apoyados por el ejército francés, lucharon por el trono inglés. La victoria de Guillermo de Orange sigue siendo celebrada hoy en día por los protestantes de Irlanda del Norte cada 12 de julio. El Visitor Centre le invita a descubrir esta historia.

■ BRÚ NA BÓINNE ⭐⭐⭐
▶ **Knowth.** Knowth es el emplazamiento de una tumba de corredor neolítica que forma parte del espectacular complejo arqueológico de Brú na Bóinne. Aunque no es tan famoso como su vecino Newgrange, que se encuentra a poca distancia, este es un lugar de visita obligada. Knowth promete un viaje al pasado a través de la antigua cultura de Irlanda.
El dolmen del corredor principal alberga dos cámaras funerarias situadas espalda con espalda y al final de dos corredores de 34 y 40 m. El montículo principal

está rodeado por otros 18 dólmenes de corredor más pequeños. Lo más fascinante de este yacimiento es la sucesión continua de *viviendas* desde el Neolítico (3000-2000 a. C.) hasta la ocupación normanda (siglos XII-XIV). Así, a partir del período cristiano, del siglo I al XII, la cima del montículo principal se utilizó como base para las viviendas: se construyeron casas en ella. Este pasaje, esta capa geológica que ofrece una lectura vertical de la historia (primero cámara funeraria, luego vivienda cristiana y normanda) no deja de ser sorprendente. Lo es aún más sabiendo que las piedras grabadas que rodean este túmulo principal llevan las huellas de la diferentes épocas: espirales, huecos, círculos del neolítico, hasta los intentos figurativos de peces de la época cristiana. Mientras que Newgrange rinde homenaje al Sol, Knowth, con sus mapas lunares grabados en piedra, está dedicado a la Luna.
De las necrópolis del valle del Boyne, Newgrange es sin duda la más famosa, la más visitada y la más impresionante. Es una de las mejores tumbas de corredor (*passage tomb*) —consta de un largo pasillo y una cámara funeraria cubierta por un túmulo—, de Europa Occidental. La datación (por carbono 14) de Newgrange sitúa su construcción en torno al 3200 a. C. , es decir, antes de la construcción de las pirámides de Egipto.

▶ **Newgrange.** Al llegar al lugar, tras un breve viaje en minibús desde el Brú na Bóinne Visitor Centre, un enorme montículo se eleva desde el ondulado paisaje del Boyne como una ola de tierra verde. Estará viendo la mítica tumba de Newgrange.
Rodeado por un círculo de 97 monolitos, un corredor de 19 metros de largo conduce

a las tres alcobas de la cámara funeraria donde, según las hipótesis actuales, se enterraron las cenizas de cuatro o cinco personas. La entrada al corredor está defendida por una espectacular piedra monolítica (*Entrance Stone),* magníficamente grabada con motivos en espiral, cuyo significado sigue sin conocerse hasta hoy. En el interior, varias piedras, ocultas o visibles, están grabadas con motivos sencillos: triángulos, rombos y espirales. El techo de la cámara (de 6 metros de altura) está muy bien construido, hasta el punto de que no hay filtraciones de agua gracias a los canalones tallados en la piedra.

▶ **El misterio del solsticio de invierno.** En el recinto de la cámara funeraria, cada 21 de diciembre, desde una pequeña abertura en la parte superior de la entrada y la cámara, una cavidad permite el paso de un rayo de luz que ilumina el corredor solo ese día. Este descubrimiento fue realizado por el profesor M. J. O'Kelly, que llevó a cabo excavaciones en Newgrange entre 1962 y 1975. Pero, ¿cómo puede explicarse tal precisión astronómica hace tantos milenios? Un misterio entre muchos en este intrigante valle alrededor del Boyne.

Kells ★★

Kells, donde san Columba (también conocido como san Colmcille) fundó un monasterio en el siglo VI, es famoso sobre todo por el *Book of Kells,* que se conserva en la Trinity College de Dublín. Se admite generalmente que fueron los monjes del monasterio de Iona, en Escocia, perseguidos por los vikingos y refugiados en Kells en el 807, quienes trajeron el manuscrito iluminado, conocido más tarde como *Book of Kells.* El monasterio fue abandonado en el siglo XII, cuando los monjes se trasladaron al monasterio de Derry, en el norte del país. Poco queda hoy del monasterio de Kells, aparte de una torre redonda de diez siglos de antigüedad, la St Colmcille's House, y varias cruces celtas, entre ellas la South Cross y la Market Cross.

■ **ABADÍA DE KELLS**
Acceso por la N52 o la N3.
Poco queda de la abadía en la actualidad, aparte de una torre redonda de diez siglos de antigüedad, la St Colmcille's House (los expertos creen que se trata de un *scriptorium* del siglo X, un lugar donde los monjes hacían sus trabajos de lectura), y varias cruces celtas, entre ellas la South Cross (de tamaño medio pero bellamente tallada, especialmente la crucifixión en el pilar sobre el que, en el círculo, se encuentra la Resurrección con un cordero) y la Market Cross (que ahora se encuentra en la entrada del Heritage Centre).

Trim ★

Tradicional capital del condado de Meath (la capital administrativa es Navan), Trim fue sede del parlamento anglonormando en el siglo XV. Hoy, la ciudad es famosa por su castillo, que sin duda merece una visita.

Tara

En la mitología celta, Tara era la mítica capital de Irlanda. La «colina de los reyes» es, con una altura de 155 metros, uno de los puntos más altos del condado de Meath. Fue lugar de ceremonias de culto, de todas las asambleas religiosas, políticas y judiciales de la Irlanda gaélica, así como de la entronización del rey, con motivo del famoso «banquete de Tara».

■ COLINA DE TARA ★ ★ ★
✆ +353 46 902 5903
hilloftara.org; hilloftara@opw.ie
Entre Navan y Dunshaughlin.

Puede que los restos de la colina de Tara no sean espectaculares, pero su significado simbólico e histórico es grande y lo convierte en uno de los lugares más famosos de Irlanda. La colina debió de ser, es y sigue siendo un lugar inspirador, aunque todo lo que se puede ver son verdes montículos sobre los que pastan tranquilamente las ovejas, ajenas a su historia. Bajo uno de los montículos se encuentra el *Mound of the Hostages,* un pasaje funerario que data de alrededor del año 2000 a. C. Más tarde, en el siglo III, Tara fue el corazón de las asambleas de los altos reyes de Irlanda (el más poderoso de ellos fue Cormac Mac Art). Nada menos que 142 altos reyes se sucedieron aquí.

© AUTHOR'S IMAGE

Colina de Tara.

Cabe señalar que el título de alto rey no era hereditario en aquella época: el alto rey era elegido por una asamblea o se ganaba su título en el campo de batalla. Las ruinas de los recintos reales y los misteriosos túmulos aún pueden admirarse hoy en día. La colina de Tara fue también un centro del cristianismo primitivo (se dice que san Patricio convirtió aquí al alto rey Laoghaire en el siglo V). En el siglo VI, san Ruadán lanzó una maldición sobre la colina de Tara: «¡Que Tara quede desierta para siempre!» La colina fue abandonada y dejó de ser la capital política de Irlanda, pero siguió siendo el centro espiritual de la Irlanda pagana. También fue aquí donde, en 1843, Daniel O'Connell convocó una concentración para protestar contra el trato a los católicos. Más de un millón de personas asistieron a su discurso.

En la colina, los visitantes actuales pueden ver la piedra del Destino. Se trata de una piedra que fue llevada a Irlanda por los legendarios Tuatha Dé Danaan (tribus de la diosa Dana). Se dice que esta piedra ruge cuando el alto rey legítimo pone el pie sobre ella. Según la leyenda, Murtagh, rey de Tara en el siglo VI, prestó la piedra a su hermano Fergus, rey de Escocia. Se conoció a partir de entonces como la piedra de Scone. Los ingleses la robaron en 1297 para guardarla bajo el trono de la abadía de Westminster y solo recientemente la devolvieron a Escocia. Desde entonces se expone en el castillo de Edimburgo. Sin embargo, se dice en Irlanda que la auténtica piedra del Destino nunca salió de Irlanda y permanece hasta hoy en la cima de la colina de Tara. ¡Pero no intente hacer creer eso a los escoceses! En cualquier caso, la colina de Tara puede ser un viaje interesante para sumergirse en la historia de Irlanda.

VISITA

CONDADOS DE LONGFORD Y WESTMEATH

Longford

Una animada ciudad que se recupera de la crisis, todavía poco turística, construida en torno a una calle principal que baja hasta el río Camlin. Su nombre procede del irlandés *long* (barco) y *phoirt* (puerto). El palacio de justicia, de estilo renacentista y construido en 1792, es el edificio más antiguo de la ciudad. Como un milagro, la catedral de St Mel, con su reconocible silueta visible desde lejos, sigue en pie tras el espectacular incendio del día de Navidad de 2009. La capital del condado puede ser una base estratégica para explorar el país (Sligo está a una hora en coche, Galway a hora y media, etc.).

Ballymahon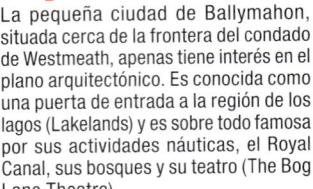

La pequeña ciudad de Ballymahon, situada cerca de la frontera del condado de Westmeath, apenas tiene interés en el plano arquitectónico. Es conocida como una puerta de entrada a la región de los lagos (Lakelands) y es sobre todo famosa por sus actividades náuticas, el Royal Canal, sus bosques y su teatro (The Bog Lane Theatre).
Ballymahon recibe su nombre del gaélico «Baile Mathúna» (ciudad de Mahon). Mahon fue un líder del oeste que libró una famosa batalla en Shrule (en irlandés, «Sruaith Fhuil», río de Sangre). Derrotó a O'Rourke de Leitrim y tomó posesión de las tierras de la región.

Ardagh ⭐

Un pequeño y elegante pueblo de unos ochenta habitantes, al sureste de Longford, cuyas casas tienen una arquitectura única, creada por la familia Fetherstons en el siglo XVIII. Clasificada como «Heritage Village», Ardagh cuenta con varios sitios de interés, como la torre del Reloj (*Clock Tower*, 1862) o la iglesia neogótica (*Brigids Church*, 1881).

Ballinamuck ⭐

Pequeño municipio rural, en el norte del condado de Longford, hermanado con Essert (cerca de Belfort), de 600 habitantes. Dos pubs, una iglesia y un pequeño museo que describe la historia de los lazos franco-irlandeses: el general Humbert, encomendado por

Dolmen de Cleenrath, a la salida del pueblo Aghnacliffe, en el condado de Longford.

© MARCUS FERREIRA - SHUTTERSTOCK.COM

VISITA

Mullingar.

Napoleón, vino a apoyar a los irlandeses en 1798 en su lucha por la independencia contra los ingleses.

Mullingar ⭐

La principal ciudad del condado de Westmeath es famosa por su producción de estaño. Además, verá en pleno centro una gran escultura que representa a dos «Peregrinos».
Se trata de una de las pocas ciudades, excepto Dublín, visitadas por James Joyce. En 1900 se reunió aquí con su padre, que era funcionario en Mullingar. Los Joyce vivían en la Levington Park House, cerca del Lough Owel. La ciudad se menciona en varios libros: *Stephen el héroe* (se cita el Greville Arms Hotel), *Ulises* y *Finnegans Wake*.
Mullingar es también la ciudad natal del cantante Joe Dolan y de Niall Horan, del grupo One Direction.

CONDADOS DE OFFALY Y LAOIS

Shannonbridge ⭐

Este pueblo cuenta con un puente de ocho arcos que data del siglo XVIII. Atraviesa el río y une el condado de Offaly con el condado de Roscommon. También encontrará en Shannonbridge unas fortificaciones que datan del siglo XIX.

■ **CLONMACNOISE** ⭐⭐
✆ +353 90 967 4195
www.heritageireland.ie
clonmacnoise@opw.ie
En la orilla oriental del río Shannon, a 7 km de Shannonbridge por la R-444. Establecido desde el siglo XI como centro de conocimiento, el complejo monacal de

Clonmacnoise fue una universidad antes de ser destruido varias veces seguidas por diversos invasores (desde los normandos hasta las tropas de Cromwell).

Entre los numerosos vestigios, se encuentra la *cruz de las Escrituras,* del siglo X, situada delante de uno de los pórticos, que no es ajena a la de Monasterboice. En el lado mejor conservado, se observan las figuras de dos guardias, uno frente al otro, custodiando el sepulcro. Arriba, el arresto de Jesús y la traición de Judas, coronada a su vez por la Crucifixión: Cristo en la cruz se ve forzado por la forma del círculo y la cruz a encajar en un marco que distorsiona la proporción de los miembros. Las piernas son singularmente cortas en relación con los brazos, que parecen encarnar aquí la idea de sacrificio, entrega y sufrimiento. Los dos soldados (la esponja y la lanza) que descansan sobre los arcos del círculo son de tamaño irrisorio. Bajo el brazo horizontal de la cruz, se observa, por un lado, la mano abierta de Dios, con dos rostros entrelazados por dos peces serpiente, y por el otro el gato de la mitología celta. Otra cruz, del siglo IX, bastante erosionada, apenas sugiere una crucifixión. La tercera cruz (de la que solo queda el pilar) permite imaginar una belleza desaparecida y lejana, con motivos en espiral que se desdoblan en animales o serpientes y figuras humanas. En la parte que da al río, se observan motivos en espiral que podrían estar relacionados con el arte neolítico.

Tullamore

Es difícil imaginar que esta pequeña ciudad somnolienta fue en su día la capital del condado de Offaly. Un canal construido en 1798 cambió radicalmente la vida económica de la ciudad, conectándola con Dublín y permitiéndole exportar sus mercancías y su famoso whisky por toda Irlanda y el mundo. La creación, en 1890, del famoso Tullamore Dew supuso un verdadero revulsivo para la economía del pueblo, y pudo permitirse la instalación de electricidad y de las primeras líneas telefónicas.

Tullamore.

Birr

Se trata de un pueblecito encantador en el que conviene detenerse unas horas o más. La principal atracción es, por supuesto, su magnífico castillo, pero la atmósfera de los pubs del pueblo, la calidad de los restaurantes, sus bonitas casas georgianas y el calor de sus habitantes podrían retenerle un poco más.

■ CASTILLO DE BIRR

Rosse Row; ✆ +353 57 092 0336
www.birrcastle.com
bookings@birrcastle.com
Puede pasar fácilmente medio día en los hermosos terrenos del castillo de Birr. Todavía habitado por el conde y la condesa de Rosse, solo está abierto para visitas guiadas. El imponente edificio, construido alrededor de 1620, está especialmente bien conservado y alberga un espectacular salón gótico y un comedor victoriano. Sus hermosos jardines abarcan unas 50 hectáreas e incluyen un lago artificial e innumerables flores exóticas. También hay un museo de la Ciencia en los antiguos establos. Por último, los jardines disponen de un enorme telescopio.

■ MONTAÑAS SLIEVE BLOOM

Forelacka
✆ +353 86 278 9147
www.slievebloom.ie
enquiries@slievebloom.ie
La cordillera de Slieve Bloom se encuentra al este de Birr, entre Roscrea, Tullamore y Portlaoise. Ofrece espléndidas vistas desde sus picos barridos por el viento, especialmente desde el monte Arderin (527 m), el punto más alto. Gran parte del lugar ha sido designado como zona protegida y se han diseñado numerosas rutas a pie y en bicicleta para facilitar su descubrimiento. Ahora es un lugar muy popular, con zonas de pícnic y rutas de senderismo que atraviesan montañas, valles y bosques.

Portlaoise

La capital del condado de Laois es una localidad dinámica (unos 22 000 habitantes), poco turística (aunque esto a menudo facilita el contacto). No se pierda las ruinas de la antigua iglesia de Old Saint Peter, del siglo XVI, con su torre anglonormanda.

CONDADO DE KILDARE

Kildare

Contrariamente a lo que se podría pensar, Kildare no es la capital del condado (es Naas), pero la ciudad destaca como la capital ecuestre de Irlanda, con la yeguada nacional, el museo del Caballo y el sitio de Curragh.
Se oye hablar constantemente de san Patricio, pero muy poco de santa Brígida (*Saint Brigid*, pronunciar «Bridgett»). En aras de la equidad, y porque Kildare se lo merece, nos gustaría presentarle el feudo de la patrona de los irlandeses.

■ IRISH NATIONAL STUD

Tully
✆ +353 45 521 617
irishnationalstud.ie
reservations@instourism.net
1,5 km al este de Kildare.
En 1900, el acaudalado cervecero

VISITA

escocés William Hall-Walker, a su regreso de la India y después de haber amasado su fortuna con la cerveza india, además de sus actividades militares, decidió criar caballos en Tully por la calidad del agua del río homónimo y la hierba del valle de Curragh. Su apuesta dio resultado, ya que su empresa se convirtió rápidamente en una yeguada excepcional, e incluso fue nombrado caballero por la corona británica en 1915. Situada en el condado de Kildare, la yeguada nacional irlandesa representa a la industria de los purasangres irlandeses. La visita es fascinante pues esta finca de 223 hectáreas, de excepcional belleza natural, acoge los jardines japoneses, terminados en 1910 por el jinete y paisajista japonés Tassa Eida, que simbolizan sutilmente la «vida del Hombre»; el jardín de san Fiacre, creado en 1999 por el arquitecto paisajista Martin Hallinan, que conmemora al santo patrón de los jardineros; el museo irlandés del Caballo, ubicado en la antigua sala de los mozos de cuadras, cuya pieza central es el frágil esqueleto de Arkle, un purasangre irlandés que consiguió un número excepcional de victorias en carreras de obstáculos; y, por supuesto, algunos de los caballos más hermosos del mundo. El coronel William Hall-Walker convirtió Tully en una de las mejores yeguadas del mundo, que sigue atrayendo a algunos de los mayores nombres de las carreras de caballos. Para terminar, una anécdota importante: William Hall-Walker era un astrólogo entusiasta y solía trazar la carta de sus potros y luego los vendía según sus horóscopos.

Newbridge

Newbridge (*An Droichead Nua* en irlandés) es una ciudad de unos 20 000 habitantes, lo que la convierte en una de las más pobladas del condado de Kildare.

▬ CONDADO DE WICKLOW ▬

Wicklow

La ciudad de Wicklow en sí tiene poco interés, pero es un buen punto de partida para explorar los lugares históricos de los alrededores, como las encantadoras ruinas del monasterio de Glendalough.

■ **GLENDALOUGH** ★★
℡ +353 40 445 352
www.glendalough.ie
glendaloughbookings@opw.ie
25 km al oeste de Wicklow, por la R-763 y luego la R-756. Desde Dublín (St. Stephen's Green), el autobús de St. Kevin's le lleva directamente al lugar (1 hora y 20 minutos de viaje, 20 € ida y vuelta). Sitio accesible a través de los servicios de DoDubin Tours.
Gleann Dá Loch («el valle de los dos lagos») es un hermoso valle situado en el corazón de las montañas de Wicklow, cerca del pueblo de Laragh. Además de su espectacular paisaje, que atrae a muchos senderistas, se sabe que el valle contiene los restos de un antiguo asentamiento monástico, uno de los más importantes de Irlanda.

▶ **Glendalough Monastic Site.** Este emplazamiento monástico cristiano, uno de los primeros de Irlanda, fue fundado en el siglo VI por el joven monje irlandés san Kevin, lejos de la civilización. Se encuentra en un antiguo valle glaciar, en medio de dos lagos (el Lower Lake y el Upper Lake) rodeados de hermosos bosques de robles). Atacado por los vikingos cuatro veces entre 775 y 1071, y luego por los ingleses en 1378, el monasterio quedó abandonado después de que Enrique VIII disolviera los cenobios. Hoy, todo lo que queda son ruinas, incluyendo una torre redonda de 33 m de altura, algunas piedras de la iglesia de los siglos X y XII y un cementerio salpicado de lápidas y cruces celtas talladas, pero la magia del lugar permanece. Esta antigua tierra monástica enclavada en un profundo valle constituye uno de los escenarios más pintorescos de Irlanda. Un lugar de belleza relajante y espiritualidad.

▶ **Glendalough Visitor Centre.** Una visita recomendada antes de entrar en el recinto turístico. El centro cuenta con una exposición sobre la vida monástica en Irlanda en aquella época y una película que explica la historia de Glendalough.

■ **WICKLOW WAY**
Oldbridge, Roundwood
www.wicklowway.com
La Wicklow Way es una caminata de 127 km para los amantes del senderismo (se tarda entre ocho y diez días en hacerla entera). Para completar la ruta, es importante seguir las marcas negras y amarillas. Tenga en cuenta que también necesitará mapas para emprender este largo viaje, y Glendalough es una etapa esencial en la ruta propuesta. Los mapas de la ruta están disponibles en Marlay Park y Clanegal, y en todas las oficinas de turismo de la zona de la Wicklow Way.

Roundswood

Un pequeño pueblo en las montañas de Wicklow que, para los visitantes motorizados, es un punto de partida ideal para descubrir Glendalough, que

Roundwood.

se encuentra a solo 7 km, y el hermoso valle de Glenmalure, con su pintoresca carretera y sus paradas populares entre los excursionistas de la Wicklow Way.

Enniskerry

Al sur de Dublín, en las famosas montañas de Wicklow, Enniskerry es una encantadora localidad que ofrece a los visitantes un agradable entorno de colinas, vegetación y agua.

■ POWERSCOURT ESTATE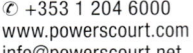

✆ +353 1 204 6000
www.powerscourt.com
info@powerscourt.net
Al norte de Wicklow, a 20 km al sur de Dublín. El autobús 44 desde Dublín (Hawkins Street) y el 185 desde la estación DART de Bray paran en Enniskerry. Accesible a través de DoDubin Tours.

La magnífica finca de Powerscourt, el lugar más visitado del condado, consta de una mansión palladiana y de extensos jardines de casi 20 hectáreas. Los jardines, creados en el siglo XIX por el horticultor David Robinson y enmarcados por las montañas de Wicklow, ofrecen un perfecto paseo vespertino por los propios jardines, terrazas, senderos, lagos arti-ficiales y hermosas estatuas. Construida en el siglo XVIII y abandonada después de un terrible incendio en 1974, la impresionante casa solariega reabrió sus puertas al público en 1996 tras muchos años de renovación. Ahora alberga tiendas y una cafetería donde hacer un pequeño descanso. Frente a la mansión, una majestuosa escalera, enmarcada por jardines italianos, conduce a estanque principal, custodiado por dos pegasos de hierro. En el cementerio de animales derramará una lágrima por la vaca Eugenia: «Eugenie. Vaca Jersey. Murió en 1907 a los 17 años. Tuvo 17 terneros y produjo más de 100 000 galones de leche» Que descanse en paz... Consúelese en el jardín japonés, un delicado circuito de pequeños arcos de musgo y fuentes hábilmente guiadas en pequeños canales, atravesados por pequeños puentes de color rojo brillante.

▶ **Cascada de Powerscourt.** A 6 km de la mansión, pero todavía en la finca de Powerscourt, se encuentra la cascada más alta de Irlanda (121 m), especialmente impresionante en un día de lluvia (¡sí, sí sucede!). Un lugar agradable para pasear, ideal para un pícnic, en un bello entorno boscoso. No se lo puede perder.

■ CONDADO DE WEXFORD ■

Wexford

Una ciudad agradable y animada (con numerosos pubs y bares), que fue un importante puerto comercial (como atestiguan sus muelles), pero en la que no queda rastro de su pasado vikingo. Los vikingos se asentaron aquí en torno al año 850 (el nombre *waesfjord* significa «puerto de arena»); después los normandos tomaron posesión de la ciudad en el siglo XII. Cromwell mandó masacrar a tres cuartas partes de la población en 1649, y en la rebelión de 1798 contra el dominio inglés, vio resistir

© BOB HILSCHER - SHUTTERSTOCK.COM

VISITA

Cabaña en el Irish National Heritage Park.

ferozmente a los rebeldes de Wexford antes de su derrota final. En la actualidad, Wexford es famosa por su festival de ópera, que se celebra en octubre (*www.wexfordopera.com*).

■ IRISH NATIONAL HERITAGE PARK ★★
Ferrycarrig
℡ +353 53 912 0733
www.inhp.com; info@inhp.com
A 4 km de Wexford.
En este parque se puede pasar un rato estupendo. Además es ideal para conocer la historia de Irlanda, desde la prehistoria hasta las invasiones normandas,
El paseo comienza con un asentamiento mesolítico (de 7000-4000 a. C.) y termina con los invasores normandos (montículos y fortificaciones del siglo XII) y sobre una réplica de una torre monástica redonda (utilizada como minarete y refugio): una cabaña hecha con pieles de animales, amueblada sumariamente con un fuego de leña, una cornamenta de ciervo y algunas castañas y conchas, todo ello junto a un pequeño pantano plantado de juncos. Después de un pequeño puente, descubrimos las cabañas neolíticas (de 4000 a 2000 a. C.), construidas en tierra y con techos de paja, mucho más refinadas. Los hombres y los animales ya no compartían la misma cabaña. Un pequeño recinto indica sutilmente el nacimiento de la agricultura. Más divertida es la reconstrucción de un dolmen de corredor, que parodia la función funeraria de este tipo de megalitos.

 La Edad de Bronce (de 2000 a 500 a. C.) está representada por un menhir situado sobre un césped bien cortado. Tal y como está, se trata más de una escultura contemporánea que de un ritual (primer entierro sin cremación) pero, más abajo, un cráneo y algunos fragmentos de cerámica nos devuelven a la seriedad de la historia. Historia que nos lleva, siempre por caminos encantadores, al círculo de piedras (hay una réplica de un ejemplar del condado de Kerry) que rodea una mesa de culto.

▶ **La historia,** de nuevo, nos conduce a la escritura, sin la cual las civilizaciones habrían desaparecido para siempre. Este parque nos ofrece una réplica de una piedra oghámica, que contiene la primera escritura de Irlanda, probablemente traída por los celtas alrededor del 500 a. C

▶ **Siga estos Raths,** o pueblos fortificados (de los siglos X y XI), donde las cabañas son de piedra, antes de pasar al primer monasterio paleocristiano, con una capilla oratorio muy sencilla, con una sola abertura para dejar entrar la luz del día, y cabañas de paja con hermosos tejados de paja en forma de seta

▶ **Crannog** no carece de interés. Se trata de un pueblo fortificado y un lago (en una isla artificial) que data de alrededor del año 1000 d. C., pero que le vendrá a la mente el orgulloso conquistador vikingo al contemplar la nave, un poco cansada, varada en el río que atraviesa el parque y dominada por una torre redonda muy hermosa. Este bello paseo finaliza con la invasión normanda (territorios y fortificaciones del siglo XII) y una réplica de una torre redonda monástica.

Playa de Curracloe

Acceso a inmensas playas que se extienden por la costa desde Raven Point hasta Cahire Point, azotadas por un viento discreto. En 1992, la Unión Europea concedió a la playa de Curracloe el título de «la playa más bonita de Irlanda». Steven Spielberg rodó aquí las escenas iniciales de *Salvar al soldado Ryan* (en lugar de las playas del desembarco de Normandía).

Enniscorthy ⭐

A unos veinte kilómetros al norte de Wexford, esta encantadora ciudad se extiende alrededor de su castillo. Es conocida por haber sido una de las principales sedes de la rebelión irlandesa de 1798 contra el poder inglés.

© ABITOFEVERYTHING. JPG – SHUTTERSTOCK.COM

Playa de Curracloe.

■ CASTILLO DE ENNISCORTHY

Castle Hill; ✆ +353 53 923 4699
www.enniscorthycastle.ie
info@enniscorthycastle.ie

Esta imponente fortaleza normanda, con sus cuatro torres, está situada en pleno corazón de la ciudad. El castillo, que data de finales del siglo XII, alberga un museo inaugurado en 1962. En él se cuenta la historia del condado de Wexford desde todos los ángulos: religioso, militar, marítimo, agrícola e industrial. El castillo de Enniscorthy ha sido objeto de una profunda renovación para mejorar el aspecto del conjunto. Es un fascinante recorrido que lleva al visitante en un viaje a través de más de ocho siglos de historia.

Ferns.

VISITA

Ferns

Ferns es un pueblo con un rico patrimonio histórico. La región de Ferns contó en otro tiempo con un gran monasterio, fundado por el rey de Leinster en el siglo VI. En el siglo XII, Dermott Mcmurrough fundó la St. Mary's Abbey, cuyas ruinas pueden visitarse. El monumento actual incluye las ruinas de una catedral erigida por los anglo-normandos en el siglo XIII, cruces del siglo VIII y los vestigios de la abadía de St. Mary's.

Kilmore Quay ⭐⭐

No se pierda bajo ningún concepto Kilmore Quay, un pequeño puerto pesquero, tranquilo y encantador. Observe el bonito alineamiento de unas cabañas con tejados de paja en la entrada del pueblo. Visite también el Maritime Museum, instalado en un barco rojo y blanco en el muelle, que posee unos grabados fascinantes.

Aquí también podrá tomar un barco hacia las islas Saltee, un santuario de aves. Por último, en julio, no se pierda el festival dedicado al marisco.

New Ross ⭐

Esta pequeña ciudad fue fundada en el siglo XVI, pero su puerto no se desarrolló hasta el siglo XII, gracias a los normandos, hasta convertirse en uno de los más importantes del país. Quedan pocas huellas de este pasado normando, pero New Ross cuenta con algunos lugares de interés.

The Hook Head Peninsula ⭐

Al suroeste de Wexford, la carretera R-734 le conducirá a la magnífica península de Hook Head, hogar de playas de arena fina, monumentos históricos como la Tintern Abbey y el faro de Hook Head, uno de los más antiguos del mundo aún en uso (siglo XIII).

CONDADOS DE CARLOW Y KILKENNY

Carlow ⭐

Situada a orillas del río Barrow, Carlow es una agradable ciudad muy animada, especialmente al caer la noche. Aquí, durante la rebelión de 1798, 417 insurgentes irlandeses encontraron la muerte en una emboscada. El museo del Condado expone numerosos objetos relativos a este oscuro período.

■ MONTAÑAS BLACKSTAIRS ⭐
www.mountainviews.ie
Al sur del condado de Carlow. Magníficas montañas con picos escarpados, como el monte Leinster, de 793 m, al que se puede llegar por un itinerario señalizado (la South Leinster Way, una ruta de 104 kilómetros entre Carlow, Kilkenny y Tipperary). Es un paraíso para los senderistas. Estas montañas hacen de frontera entre los condados de Carlow y Wexford. En el hermoso valle de Barrow (condado de Carlow), cerca del pueblo de Borris, podrá visitar una imponente y pintoresca casa solariega, sede ancestral de los altos reyes de Leinster.

Kilkenny ⭐⭐⭐

Kilkenny, la ciudad medieval más bonita de Irlanda, es doblemente simbólica: es la antigua capital de Irlanda y aquí se creó en 1641 un parlamento conocido como la Confederación de Kilkenny, bastión de los Butler (cuyos orígenes se remontan a Theobald Fitzwater, de origen normando), que vivieron en el castillo hasta 1930.

Encaramada en una colina, la catedral medieval del siglo XIII resultó bastante maltrecha tras el asedio al que la sometió Oliver Cromwell en 1650. La catedral debe su nombre a san Canice (Cainnech de Aghaboe), quien fundó aquí un monasterio en el siglo VI. Este es el origen del propio nombre de Kilkenny: Cill Chainnigh, que significa «el monasterio de Canice». Kilkenny recibe el sobrenombre de The Marble City, la ciudad de mármol, debido a la piedra negra de la región, utilizada a menudo en su arquitectura (sobre todo en la catedral). En la actualidad, Kilkenny es una ciudad agradable y animada, con tiendas, buenos restaurantes y numerosos pubs.

■ CASTILLO DE KILKENNY ⭐⭐
The Parade
✆ +353 56 770 4106
kilkennycastle.ie
bookingskilkennycastle@opw.ie
Apiladas desde el siglo XII, las bellas piedras grises del vasto castillo de Kilkenny forman una U abierta a lo largo del río. El castillo sufrió numerosas modificaciones en los siglos XVII y XIX. Adquirido por la poderosa familia Butler en 1391, permaneció en manos de sus descendientes hasta 1935.
Eche un largo vistazo a la conocida como «galería de retratos», una sala de 45 metros de largo que termina en una triple ventana neogótica. Llama la atención el techo de madera. Está pintado en estilo prerrafaelita (siglo XIX), como lo demuestran las jóvenes y lánguidas mujeres sobre los arcos cuyos soportes

terminan en la cabeza de los animales (caza y halcones) tallados y dorados.

Un techo de cristal inusual y arquitectónicamente atrevido confiere a la sala una claridad rara, una luminosidad limpia. La chimenea, hecha de mármol de Carrara, está grabada con siete bajorrelieves que ilustran la historia de la familia Butler. Los Butler obtuvieron su fortuna de su posición privilegiada como catadores oficiales, encargados de degustar primero la copa real de vino (y, como se puede imaginar, las ventajas que conllevaban).

El castillo también alberga la Butler Gallery, una de las galerías de arte más importantes fuera de Dublín. Esta galería de arte contemporáneo programa sus exposiciones de forma independiente. Por último, el inmenso parque que rodea el castillo es el lugar ideal para un agradable paseo o un pícnic. En verano, está abierto hasta las 20.30 horas.

■ SMITHWICK'S EXPERIENCE ⭐⭐

44 Parliament Street

℃ +353 56 778 6377

www.smithwicksexperience.com

info@smithwicksexperience.com

Construida en el emplazamiento de una antigua abadía franciscana, donde ya se producía cerveza en el siglo XIII, esta cervecería, que estuvo en funcionamiento hasta 2013, está ahora abierta al público. Smithwicks, fundada en 1710, es una de las cervecerías más antiguas de Irlanda y una de las joyas de la corona de Kilkenny. Este moderno y exitoso museo, recientemente renovado, le llevará a través de la historia de la cerveza Smithwick's (que se pronuncia Smit-icks). En aproximadamente una hora, podrá conocer el proceso de producción del preciado néctar.

■ ST CANICE'S CATHEDRAL ⭐⭐

The Close, Coach Road

℃ +353 56 776 4971

www.stcanicescathedral.ie

info@stcanicescathedral.com

Construida en el siglo XIII, esta catedral, de estilo gótico primitivo inglés, irradia una extraña luz que contrasta con el gris de sus piedras. Aún se puede ver el órgano de 1853. Pero lo que más llama la atención desde el exterior es, sin duda, su aspecto casi achaparrado, quizá debido a la torre cuadrada que se sitúa en el centro del edificio.

La catedral sufrió una serie de catástrofes: el derrumbe de la aguja central original en 1332 y la destrucción de las vidrieras y las fachadas por Oliver Cromwell en 1650. El edificio fue restaurado por primera vez en 1661 y luego de nuevo a finales del siglo XIX. La lápida más antigua, la de José de Keteller (1280), que probablemente fue el padre de la bruja de Kilkenny, Alice Kyteler, puede verse en el muro norte, frente a la entrada.

▶ **Round Tower.** La presencia de una alta torre redonda (30 m) frente al crucero, que se eleva como una ominosa chimenea, rompiendo la frágil geometría de la catedral, data sin duda del siglo IX. Las excavaciones han demostrado que se construyó sobre un cementerio cristiano. Se puede subir a lo alto de la torre para observar la ciudad y el paisaje circundante (la subida es dura, pues hay que subir muchas escaleras). Desde este observatorio, se puede apreciar la estructura típica de una ciudad medieval, con su estructura, sus defensas y sus calles comerciales, hoy en día llenas de coloridos pubs.

VISITA

Kells Priory

Un lugar admirable fundado por Geoffrey FitzRobert en 1193, que no debe confundirse con el famoso Kells, en el condado de Meath. Las fortificaciones de este priorato agustino del siglo XII se alzan en mitad de un valle. Este impresionante monumento medieval se compone de varias torres distribuidas a lo largo de las murallas fortificadas, que conforman un recinto de tres hectáreas.

■ **KELLS PRIORY**

Kells; ☎ +353 56 772 8255
500 m al este de Kells y 15 km al sur de Kilkenny.
Se pueden ver las ruinas del priorato agustino fundado por Sir Geoffrey FitzRobert, cuñado de Richard FitzGilbert de Clare (conocido como Strongbow), en 1193. El priorato fue destruido y reconstruido varias veces antes de ser abandonado definitivamente en 1540. Entre los restos más impresionantes se encuentra el recinto fortificado, con siete torres y una pasarela que rodea todo el recinto. En el cementerio contiguo, destaca la cruz celta (siglo IX) colacada sobre la tumba de Niall Caille mac Áeda, rey de Irlanda. Una visita que no debe perderse, lejos de las hordas de turistas.

Nore Valley Park

Si dispone de coche durante su estancia en Kilkenny, debe explorar el bonito valle del Nore, por el que fluye el río del mismo nombre. Es un lugar estupendo para escaparse un día (o dos) en el campo.

■ **JERPOINT ABBEY**
Thomastown
☎ +353 56 772 4623
www.heritageireland.ie
jerpointabbey@opw.ie
La abadía de Jerpoint está a dos kilómetros de la encantadora ciudad de Thomastown (fundada en el siglo XIII por Thomas Fitzanthony). Esta abadía cisterciense, que data del siglo XII, conserva las ruinas de su iglesia y su claustro. Fundada originalmente para monjes benedictinos, pronto fue colonizada por monjes cistercienses.

La orden cisterciense, fundada en Cîteaux (Francia) en 1098 y establecida por primera vez en Irlanda en la abadía de Mellifont, en el condado de Louth, era una orden austera centrada en la oración y el trabajo. La regla cisterciense prohibía la construcción de torres de piedra; la torre de Jerpoint no se añadió hasta el siglo XV. El claustro de doble arcada presenta pilares esculpidos (probablemente en el siglo XVI) con una sencillez reveladora, con algunas figuras (un obispo, un caballero y su dama) y sorprendentes motivos animales (una serpiente salamandra cuya larga cola diabólica termina en un trébol). En la iglesia hay tres hermosos yacentes (el del obispo D'Ossory, el de Katherine Power y el de Robert Walsh). En el crucero norte, dos capillas abovedadas acogen tumbas que datan de alrededor de 1500, una de ellas con un panel tallado que representa a los santos conocidos como «los dolientes» (aunque parece que están sonriendo). En el crucero sur hay otras dos capillas abovedadas; en una de ellas se pueden ver dos losas del siglo XIII enfrentadas: una representa a dos caballeros, conocidos como The Brethren (los hermanos), y la otra a un abad con las manos levantadas.

■ CONDADO DE WATERFORD ■

Waterford ⭐

Waterford es conocida por ser la cuna del cristal del mismo nombre, que se vende en todo el país y goza de fama mundial. La localidad es también un puerto comercial muy activo en la actualidad. Se trata de la ciudad más antigua de Irlanda. Fundada en el año 914 por los vikingos, Waterford se convirtió rápidamente en una importante ciudad comercial. Hoy en día, no es especialmente atractiva. Su arquitectura y sus calles son de un estilo bastante neutro y, aparte de la Reginald's Tower, no queda nada del casco antiguo, aparte de otra torre en ruinas y un fragmento de la muralla fortificada.

■ MEDIEVAL MUSEUM ⭐
The Mall
The Viking Triangle
✆ +353 76 110 2501
www.waterfordtreasures.com
bookings@waterfordcouncil.ie
Se trata del principal museo de Waterford, un lugar rico y cargado de historia que no puede perderse. Aunque hay algunas piezas interesantes de la época vikinga, la colección de objetos más notable se remonta a la época medieval, cuando la ciudad, con un desarrollo comercial considerable, se convirtió en el segundo puerto comercial más importante de Irlanda, después de Dublín. Son muchos los objetos domésticos que atestiguan esta actividad, y su diversa procedencia

© JORGE CORCUERA - SHUTTERSTOCK.COM

Medieval Museum.

© IRISH DRONE PHOTOGRAPHY - SHUTTERSTOCK.COM

Ardmore.

geográfica indica las múltiples conexiones del puerto con países extranjeros.

Dungarvan

Hoy en día, esta pequeña ciudad es un popular punto de parada para los visitantes que desean descubrir las montañas Comeragh. El patrimonio cultural de la ciudad comprende el famoso Dungarvan Castle, la iglesia de St. Mary's, construida en 1828, y sobre todo la abadía, fundada en 1290, y su torre del siglo XV, que domina la bahía de Dungarvan.

Ardmore

Continúe hacia Ardmore, un lugar de gran importancia simbólica para Irlanda, ya que san Declán fundó aquí el primer monasterio, antes de la llegada de san Patricio. Hoy, en el emplazamiento del monasterio original se alzan las ruinas de la St Declan's Church y una torre redonda del siglo XII. Si busca relajarse, las playas de Ardmore son maravillosas. También puede dar unos estupendos paseos por la costa, especialmente bonita en esta zona.

Lismore

Hay muchas casas excelentes de los siglos XVIII y XIX. Hay que decir que no ha cambiado mucho desde entonces, ya que Lismore es una ciudad con un interesante patrimonio protegido. La gente viene aquí a visitar los jardines del hermoso castillo del siglo XIX, adornados con esculturas de artistas contemporáneos de renombre internacional. También hay una galería de arte contemporáneo con una excelente programación. Y no olvide visitar la antigua catedral de San Cartago de Lismore, que cuenta con una vidriera de Edward Burne-Jones, entre otras obras de interés.

CONDADO DE TIPPERARY

Tipperary

Fundada en la Edad Media, Tipperary («Tip» para los amigos) tiene un cierto interés, incluyendo la satisfacción de haber llegado finalmente allí y descubrir este gracioso cartel: *You've come a long way to Tipperary…* («Has recorrido un largo camino hasta Tipperary…») en honor de una marcha de la Primera Guerra Mundial.

Cahir

Una pintoresca ciudad de 5000 habitantes con calles llenas de color, situada cerca de las Galtee Mountains. De origen normando, el castillo de Cahir, uno de los más grandes y mejor conservados de Irlanda, se alza orgulloso y domina majestuosamente la ciudad.

■ CASTILLO DE CAHIR
Castle Street
✆ +353 52 744 1011
www.heritageireland.ie
cahircastle@opw.ie

Construido en el siglo XII por Conor O'Brien, príncipe de Thomond, y ampliado en el siglo XV, el imponente castillo que domina el río Suir fue considerado, en su momento, un modelo inexpugnable de obra defensiva. Fue propiedad de los Butler, una poderosa familia de origen anglonormando, desde 1375 hasta 1961. El castillo de Cahir, situado en el corazón de la ciudad, ha sido totalmente restaurado y es un lugar fascinante para visitar (excelentes visitas guiadas). Hay una maqueta del terrible asedio de mayo de 1599, cuando el conde de Essex, Robert Devereux, favorito de la reina Isabel I de

Inglaterra, se hizo con el control de Cahir tras tres días de sangrientos combates, y una película sobre la historia de este castillo, que es uno de los mejor conservados de Irlanda. La fortaleza también fue asediada en dos ocasiones durante las guerras confederadas irlandesas: Lord Inchiquin, tras su victoria en la batalla de Knocknanauss, la tomó en 1647, y luego pasó a manos de Oliver Cromwell (sin enfrentamientos) tres años después, cuando este se encontraba en plena conquista de Irlanda. Un auténtico castillo medieval, con su torre del homenaje, sus murallas, sus hermosas habitaciones y sus torres cuadradas, ¡que no hay que perderse!

▶ **Séptimo arte.** El impresionante castillo de Cahir fue el escenario de la película de Mel Gibson *Braveheart* (1995) y de *Excalibur* (1987), de John Boorman. Y en 1975, Stanley Kubrick rodó una escena de lucha en la escalera de caracol del calabozo para *Barry Lyndon*.

Cashel

A veinte kilómetros al este de Tipperary, Cashel (en gaélico: Caiseal) está completamente dominada por el imponente Rock of Cashel, un conjunto de fortificaciones medievales construidas sobre una roca, con un entorno muy especial. En 1647, Cashel se vio envuelta en la agitación de guerras religiosas, durante las cuales la confederación católica de Kilkenny y el ejército parlamentario inglés atacaron la ciudad. Se produjeron sangrientas batallas, aunque los habitantes huyeron a la roca. Actualmente, Cashel es una ciudad tranquila, famosa también por su delicioso queso (el azul de Cashel, un queso de pasta azul) y por su rico patrimonio, con vestigios del pasado aún visibles.

■ **HOLYCROSS ABBEY**
Holycross
℡ +353 86 166 5869
www.holycrossabbey.ie
holycrossabbeytours@gmail.com
A 15 km al nrote de Cashel.
El pueblo de Holycross alberga una majestuosa abadía benedictina construida por el rey de Munster, Donal Mòr O'Brien, en 1182, y de la que se hicieron cargo los cistercienses en el siglo XV. La disolución de los monasterios por parte de Enrique VIII también afecto, por desgracia, a la Holycross Abbey en 1536. La abadía de la Santa Cruz, ocupada hasta hace poco por monjes, fue durante mucho tiempo uno de los principales lugares de peregrinación del país, ya que alberga una preciosa reliquia, un fragmento de la Vera Cruz regalado por la reina de Inglaterra Isabel de Angulema hacia 1233.

Clonmel

Clonmel, pequeña ciudad a orillas del río Suir, se hizo famosa en el siglo XIX cuando un joven italiano, Bianconi, creó un negocio de transportes que, al principio, conectaba Clonmel y Cahir con el territorio nacional. De su rico pasado histórico bien preservado, Clonmel conserva las paredes del casco antiguo, la Old St Mary's Church of Ireland con su torre octogonal (construida en 1204) y Main Guard, un elegante edificio del siglo XVII (utilizado en el pasado como tribunal y después como cuartel).

Carrick-on-suir

Esta bonita ciudad, muy bien situada a orillas del río Suir, está rodeada, por un lado, por los montes Slievenamon y, por otro, por los montes Comeragh. En Carrick-on-Suir podrá visitar el castillo de Ormond y el *Heritage Centre,* instalado en una antigua iglesia protestante.

© BLUEBALE PRODUCTIONS – SHUTTERSTOCK.COM

Carrick-On-Suir.

■ **ORMOND CASTLE & ELIZABETHAN MANSION**
Castle Street
✆ +353 51 640 787
www.heritageireland.ie
ormondcastle@opw.ie

Las ruinas de este castillo, que data de 1450, no son muy interesantes. Sin embargo, la Elizabethan Manor House, situada enfrente, es uno de los mejores ejemplos de casa isabelina en Irlanda. Recientemente restaurada, esta casa solariega fue construida por el décimo conde de Ormond, Thomas Butler, en previsión de una visita de su prima, la reina Isabel I. El exterior tiene techos a dos aguas y finas ventanas con parteluz, mientras que el interior cuenta con yeserías moldeadas y una gran galería.

Garrykennedy

En el norte de Tipperary, esta encantadora ciudad a orillas del Lough Derg merece una parada por su entorno y su animado pub. En el pequeño puerto, la Tower House, construida a finales del siglo XV pero dañada por las tropas de Cromwell, sigue resistiendo a los elementos.

CONDADO DE CORK

Cork

Cork, la segunda ciudad más grande de Irlanda después de Dublín, tiene el aire de una capital, condición que sus habitantes reclaman ardientemente.

Cork, que fue Capital Europea de la Cultura en 2005, alberga numerosos monumentos históricos, galerías de arte, museos, teatros e innumerables pubs típicos. Aprovechando las actuales ventajas de la Unión Europea, muchos

© TAMSINDOVE – ISTOCKPHOTO

Panorámica de Cork.

estudiantes europeos eligen Cork como lugar de estudios. Al igual que Irlanda en su conjunto, la ciudad ha experimentado un meteórico ascenso económico, gracias sobre todo a la importancia de su puerto enclavado en una inmensa bahía, y al establecimiento de empresas punteras.

■ CORK BUTTER MUSEUM

The Tony O'Reilly Centre
O'Connell Square
℡ +353 21 430 0600
thebuttermuseum.com
info@thebuttermuseum.com

Situado junto a la iglesia de St Anne's Shandon, este pequeño museo presenta la historia de la industria láctea, y en particular de la mantequilla, desde la época medieval hasta la actualidad. En el siglo XIX, Cork era el mayor exportador de mantequilla del mundo, gracias a un sistema de control de calidad que estableció la reputación internacional de la localidad y a unas técnicas de envasado únicas que permitían enviar los productos a grandes distancias y en todos los climas.

■ CORK CITY GAOL

Convent Avenue
Sunday's Well
℡ +353 21 430 5022
corkcitygaol.com
info@corkcitygaol.com

Situado a las afueras de la ciudad, a unos 2 km al noroeste del centro. Para llegar, puede tomar el autobús número 8 en St Patrick Street.

Esta antigua prisión, que se utilizó desde 1824 hasta 1923 (año en que se cerró por razones de insalubridad y hacinamiento), se ha convertido en un museo donde se muestran las condiciones de vida de los presos. Desde el punto de vista arquitectónico, la prisión, diseñada por Sir Thomas Deane y ahora edificio patrimonial, parece más un castillo que una cárcel. La visita, que dura aproximadamente una hora, se realiza con una audioguía que le contará de forma muy animada el destino de algunos de los presos que han pasado tras estos muros.

■ ENGLISH MARKET

Grand Parade
℡ +353 21 492 4258
www.englishmarket.ie
englishmarket@corkcity.ie

Precioso mercado cubierto, uno de los más antiguos de Europa, donde se pueden hallar los mejores productos locales: carne, pescado, queso, pan, frutas y verduras, especias y algunos productos típicos de la zona, pero también muchas cafeterías y restaurantes. Histórico y emblemático, el English Market de Cork existe desde 1788. Es un espacio muy agradable para comer sobre la marcha, para hacer un pícnic con productos de la granja o simplemente por el ambiente. Aproveche la oportunidad para degustar los buenos quesos de granja. Un paraíso para los gurmés.

■ SAINT FIN BARRE'S CATHEDRAL

Bishop Street
℡ +353 21 496 3387
corkcathedral.com
cathedral@cork. anglican.org

En las alturas de Cork, al sur del centro de la ciudad, esta imponente catedral protestante, de estilo neogótico, fue (re) construida en la década de 1870 por el famoso arquitecto inglés William Burges (1827-1881), el mismo que reconstruyó, entre otros, el castillo de Cardiff en Gales. La catedral, cuyas tres agujas son uno de los símbolos de la ciudad, está dedicada a Fin Barre, patrón de Cork, que fundó aquí un monasterio en el siglo VII, alrededor del cual se desarrolló la ciudad. Las piedras utilizadas son todas de la región: piedra caliza de Cork en el exterior, mármol rojo de Little Island y piedra morada de Fermoy para el interior. En el interior, también ricamente decorado, destaca una bala de cañón que fue disparada desde el Elizabeth Fort durante el asedio de Cork en 1690 y que se alojó en la aguja de la iglesia medieval que se encontraba allí en ese momento. La bala se descubrió durante la demolición de la iglesia en 1865. También merece la pena ver la catedral del obispo, de doce metros de altura y completamente tallada, y a las soberbias vidrieras que representan escenas del Antiguo y del Nuevo Testamento. Lo último que observará al salir son los tres esbeltos campanarios con sus torretas, uno de los símbolos de Cork.

■ ST ANNE'S CHURCH & SHANDON BELLS ⭐⭐

Shandon Street
✆ +353 21 450 5906
www.shandonbells.ie
info@shandonbells.ie

El toque de las campanas de la iglesia de Santa Ana es una de las atracciones más famosas de Cork. La iglesia se identifica fácilmente por su veleta en forma de salmón. El interior, que data del siglo XVIII, tiene poco interés. El campanario, en cambio, es bastante inusual. Construido con diferentes piedras, parece elevarse bastante, impresión que se debe al montículo que la sostiene. Se sube a él para tocar las campanas,

pero también para observar el extraño mecanismo del reloj.

■ UNIVERSITY COLLEGE CORK ⭐⭐

College Road
✆ +353 21 490 3000
www.ucc.ie; helpdesk@ucc.ie

Es posible visitar el University College Cork (UCC) y su arbolado campus, mezclarse con la población estudiantil y, sobre todo, admirar su magnífica arquitectura. A fin de cuentas, la UCC, fundada por la reina Victoria en 1849, puede tener más encanto que el Trinity College de Dublín: puede que no tenga su reputación o sus tesoros, pero la armonía de los edificios está más lograda. En el corazón del campus se encuentra el Quad, el edificio principal de la universidad, construido en 1849 en estilo gótico tudor. El vestíbulo, con sus vidrieras que homenajean a antiguos grandes profesores y los cuadros que cuelgan de las paredes con los antiguos presidentes de la universidad, se utiliza hoy en día para ceremonias oficiales como inauguraciones, graduaciones, conciertos, etc. En el ala norte del Quad, descubrirá una veintena de piedras ogham irlandesas de diferentes tamaños y con profusión de signos (en particular, utilizando algunos signos del alfabeto latino). Se cree que estas piedras datan de entre los siglos IV y VIII y no está claro para qué se utilizaban: una tumba, una piedra conmemorativa o quizás incluso un punto de referencia.

▶ **La capilla de St Honan** fue construida en 1915 en estilo románico irlandés. Su alicatado es inusual: comienza con los signos del zodiaco, antes de fluir en una larga corriente de agua por la que nadan una serie de peces hasta el presbiterio. Este flujo se detiene en la boca de un

VISITA

dragón rodeado de animales o aves. Una representación muy sorprendente de la Creación.

Blarney

La pequeña ciudad de Blarney es una de las principales atracciones turísticas de West Cork: la gente viene aquí a ver el castillo y a besar la piedra de Blarney, de la que se dice que otorga el don de la elocuencia.

■ CASTILLO DE BLARNEY

✆ +353 21 438 5252
blarneycastle.ie
info@blarneycastle.ie

El castillo es famoso por su Blarney Stone (piedra de Blarney), que atrae a miles de turistas cada año. La leyenda dice que quien ponga sus labios sobre esta piedra recibirá el don de la elocuencia. Por eso mucha gente sube las escaleras del castillo y se inclina (no se preocupe, es perfectamente seguro) para besar la piedra. No está clara su procedencia. Algunos dicen que fue traída de Jerusalén por los cruzados, otros que vino de Escocia y que es un fragmento de la piedra de Scone. La creencia en el don se basa en la siguiente anécdota: la reina Isabel I deseaba que Lord Blarney solo fuera investido por la Corona. Aparentemente, Lord Blarney lo aceptó, pero le fue dando largas, encontrando mil excusas cada vez, hasta el punto de que la reina finalmente exclamó: «*This is all Blarney!*» (¡Todo esto es palabrería!). De todos modos, todo el mundo se presta, con un entusiasmo infantil, a esta maniobra —en lo alto de la torre—, que consiste en tumbarse e inclinar la cabeza hacia atrás para besar la famosa piedra.

▶ **La visita al castillo de Blarney** es mucho más interesante. La fortaleza es una notable estructura del siglo XV erigida sobre la roca. Es el tercer castillo construido en este lugar. El primero se erigió en madera en el siglo X y fue sustituido por un edificio de piedra hacia 1210. En 1446 se añadió la torre del homenaje, con el resultado que vemos hoy.

En el siglo XVII, el castillo fue tomado por las tropas de Cromwell que, tras instalar un cañón en la colina de enfrente, consiguieron destruir los muros de la torre. Pero cuando los hombres tomaron posesión de la torre del homenaje, solo encontraron a dos sirvientes: la guarnición había huido por las cuevas subterráneas con la famosa vajilla de oro. Más tarde, uno de los propietarios del castillo intentó vaciar el lago al que se había arrojado la vajilla de oro. Gastó una fortuna… en vano.

▶ **El parque del castillo también merece una visita.** Es agradable para pasear junto al arroyo y, en el siglo XIX, se instaló allí un jardín (Rock Close) en un lugar supuestamente druídico. Hay dos dólmenes, una roca que (con un poco de imaginación) parece una bruja con su sombrero alado, y unas escaleras mágicas que hay que subir y bajar por detrás con los ojos cerrados si quiere que se cumplan sus deseos. El lugar es encantador y tiene un cierto misterio.

Cobh

Cobh (pronunciado 'Cove') es una ciudad pintoresca y emblemática en muchos sentidos. De hecho, hasta la década de 1950, era considerada el puerto transatlántico más importante de Irlanda. Desde aquí salieron miles de irlandeses para conquistar el Nuevo Mundo. Cobh

© M. V. PHOTOGRAPHY – SHUTTERSTOCK.COM

Puerto de Cobh.

fue también el último puerto de escala del *Titanic* en 1916, antes del terrible accidente que todos conocemos. Por último, después de que los alemanes torpedearan el *Lusitania* frente a Kinsale durante la Primera Guerra Mundial (un incidente que provocó la entrada de Estados Unidos en la guerra), los supervivientes y las víctimas fueron trasladadas a Cobh para ser atendidas o enterradas. Estos hechos se relatan en el museo de Queenstown Story. Por último, en Cobh se puede subir a lo alto de la St Colman's Cathedral, que ofrece una hermosa vista del puerto.

■ THE QUEENSTOWN STORY

Cobh Heritage Centre
✆ +353 21 481 3591
www.cobhheritage.com
info@cobhheritage.com
Situado en la antigua estación de ferrocarril de la ciudad, este museo cuenta la historia de los millones de emigrantes que salieron de Cobh. A finales del siglo XVIII

y principios del XIX, muchos barcos partieron del puerto hacia Australia con prisioneros a bordo (muchos de los cuales habían sido condenados por participar en la rebelión de 1798). Entre 1845 y 1851, 1,5 millones de irlandeses emigraron para escapar de la hambruna, principalmente a Norteamérica. La demanda era tan grande que los barcos utilizados no siempre estaban en buenas condiciones y los viajeros no siempre llegaban a su destino. Esto dio lugar al apodo de *coffin ships,* los «barcos ataúd». Tras la hambruna, la emigración se convirtió en una nueva forma de vida, especialmente para los jóvenes solteros sin herencia ni cualificación (tanto mujeres como hombres) en busca de una vida mejor. En la segunda mitad del siglo XIX, se dio incluso una emigración voluntaria a Australia: debido a la falta de mujeres en ese país (los presos que habían sido enviados allí eran principalmente hombres), se fomentó la emigración femenina.

El museo también presenta la historia del *Titanic* y del *Lusitania* (una reproducción del hotel donde se acogió a los supervivientes del *Lusitania*).

También se explica el origen del nombre de la ciudad, que sustituyó su topónimo original, Cove, por el de Queenstown para conmemorar la visita de la reina Victoria en 1849, antes de retomar su nombre original en su forma irlandesa: Cobh.

Midleton

Esta pequeña ciudad está situada en la carretera N-25, en el tramo Cork-Youghal-Waterford. Su principal atractivo es el Jameson Heritage Centre, dedicado al famoso whisky irlandés. La visita, muy instructiva, concluye con una degustación.

■ **JAMESON HERITAGE CENTRE** ⭐⭐
Distillery Walk; ✆ +353 21 461 3594
www.jamesonwhisky.com
jem@jamesonwhisky.com

Todo sobre el whisky, aunque centrado en el Jameson y su famosa botella. Hay que decir que la visita de 75 minutos convertirá a los neófitos en especialistas que, nada más entrar, no podrán más que maravillarse ante el gigantesco alambique de cobre que se encuentra en medio del césped (se presenta aquí como el más grande jamás construido en el mundo, con una capacidad de 30 000 galones). La visita guiada revela sucesivamente todas las etapas de la producción de esta preciada bebida.

Youghal

Situada en la desembocadura del río Blackwater, Youghal (que se pronuncia 'yawl') ofrece magníficas vistas tanto del mar como de la costa. Esta localidad costera está impregnada de recuerdos: el de Walter Raleigh, que fue señor de la ciudad en el siglo XVI y estableció aquí el cultivo de la patata (lo que da lugar al Festival de la Patata Walter Raleigh, que se celebra anualmente los días 11 y

La bucólica costa de Kinsale, en el condado de Cork.

© MARTIN DUNLEA · SHUTTERSTOCK.COM

VISITA

Charles Fort.

12 de julio); y el de Moby Dick, la ballena blanca, desde que en 1954 John Huston eligiera este puerto para rodar la película, con Gregory Peck en el papel del capitán.

Kinsale

Kinsale, con vistas al amplio estuario de Brandon, es uno de los pueblos más pintorescos del país, un pequeño puerto cuidadosamente cuidado y conservado. Su reputación como ciudad gastronómica atrae a muchos turistas. Hay que caminar por sus estrechas calles bordeadas de casas cubiertas de pizarra para apreciar todo su encanto.

Si pasa el día en Kinsale, dedique la mañana para pasear por el pueblo. Subiendo al centro por Market Quay o Pearse Street, se llega a la encantadora Market Square, donde antes se celebraba el mercado. En sus casas antiguas se han instalado pequeños comercios y restaurantes con fachadas pintadas de colores vivos. Cuando hace buen tiempo, la pequeña plaza se cubre de terrazas, donde se podrá comer o tomar una copa. Suba por Cork Street, flanqueada por bonitas casas, para llegar al Desmond Castle y visitar el museo del Vino. Por la tarde, podrá caminar por la bahía, desde River Road hasta Scilly Walk, una agradable caminata bajo los árboles y a la orilla del mar, para llegar al pintoresco Charle's Fort, que se puede ver en el horizonte. No se pierda, después de contemplar esta fortificación militar en ruinas, el Summer Cove, la parte baja de la ciudad, y su pub más popular, The Bullman, donde podrá tomar un último trago junto al mar. Los locales dicen que es el mejor lugar para ver la puesta de sol.

■ **CHARLES FORT**

Summer Cove

✆ +353 21 477 2263

charlesfort@opw.ie

Una construcción fortificada (1670-1680) cuya punta semicircular ofrece una buena vista del puerto de Kinsale y de las ruinas del James Fort, casi enfrente. En su interior hay varios edificios del siglo XIX, algunos de los cuales han sido restaurados para albergar un museo de la historia de la ciudad y del fuerte, con trajes militares, armas y mapas antiguos. También hay una buena vista del edificio desde el segundo piso. Para llegar al fuerte a pie (a 2 km del centro) puede seguir el Scilly Walk, un agradable paseo junto al mar.

Macroom

Macroom es la primera escala importante de la N-22 entre Cork y Killarney de camino a Kerry. El pueblo merece una parada para visitar las ruinas de su castillo.

Clonakilty

Se trata de una pequeña localidad en la que merece la pena detenerse para recorrer sus alrededores. El entorno es muy agradable y típicamente irlandés. La música, tradicional o no, está muy presente. Michael Collins, el famoso líder del IRA durante la guerra de Independencia irlandesa, era de Clonakilty.

Skibbereen

Como dice la canción de The Dubliners, Skibbereen (Skib para sus amigos) padeció en su día la Gran Hambruna. Menos mal que esos trágicos días han quedado atrás y la ciudad —la principal del oeste del condado de Cork— es ahora bastante próspera, y a menudo sirve de base para explorar la región. Se puede visitar el West Cork Arts Centre, que expone un gran número de creaciones artesanas de calidad, y no hay que perderse el Heritage Centre, un museo sobre la Gran Hambruna de 1840, durante la cual perdieron la vida más de un millón de irlandeses.

PENÍNSULA DE MIZEN

Schull

No se pierda la pequeña ciudad de Schull, especialmente encantadora con su puerto pesquero y sus pequeñas calas. Una agradable escala en la península, famosa por sus regatas y su planetario, único en Irlanda (solo abierto al público en verano).

Bantry

Bantry goza de un clima privilegiado gracias a la corriente del Golfo, y es un puerto y una pequeña ciudad muy agradable. Posee una fuerte herencia francesa, tanto histórica como artística. En dos ocasiones, en 1689 y 1796, la flota francesa entró en la bahía de Bantry para apoyar a los insurgentes irlandeses, pero, por desgracia, no tuvieron éxito: en el segundo intento, los barcos ni siquiera pudieron atracar a causa de la tormenta. Resulta muy tentador pasar unos días en este pequeño puerto.

Durrus

Este encantador pueblo sirve de punto de partida para visitar la península de Mizen y la de Sheep's Head (que se encuentra al norte de la de Mizen). Desde Durrus, se puede llegar a Crookhaven, que se halla cerca de la playa más bonita de la península: Barley Cove. Mizen Head no está lejos de Crookhaven.

PENÍNSULA DE BEARA

Glengarrif

Algunos consideran la bahía de Glengarriff como una de las más hermosas de Irlanda. Es un verdadero oasis de vegetación, flanqueado por islotes exuberantes recubiertos de flores rosas y rodeados de montañas. Los victorianos fueron los primeros que hicieron de esta localidad, que disfruta de un clima muy suave, un destino de vacaciones de moda. Un microclima provocado por la corriente del Golfo, un suelo rico en turba y heladas casi inexistentes han animado a los horticultores a diseñar auténticos jardines exóticos. Uno de los más conocidos es el de Garinish Island, realizado en los años 1920 por Annan Bryce y Harold Peto. Desde el 2000 también existe el Bamboo Park, iniciativa de una pareja belga.

Castletownbere

Castletownbere, la principal ciudad de la península, situada entre las montañas Slieve Miskish y la Bear Island, es el destino favorito de los pescadores de aguas profundas. De camino a Glengarriff, no dude en detenerse en Adrigole, echar un vistazo a la Hungry Hill Gallery (*www.hungryhillgallery.com*) o practicar kayak o vela con el West Cork Sailing (*wildatlanticwildlife.ie*).

Dursey Island

Es una pequeña isla de apenas 6,5 km por 1,5 km. La isla de Dursey ofrece magní-

ficas oportunidades para practicar senderismo (la ruta Beara Way rodea la isla a lo largo de 11 km). Podrá avistar multitud de aves y, si tiene suerte, delfines.

Eyeries

Pequeño pueblo pintoresco, sin duda el más colorido de Irlanda. Incluso en el interior de la iglesia, donde sus vidrieras reflejan unos colores potentes.

Allihies

Un pueblecito típico, con muy pocos turistas y una espléndida vista del mar a un lado y de las montañas al otro. Allihies fue una explotación minera hasta la década de 1950. Todavía se pueden ver en las afueras del pueblo algunas de las ruinas de dichas minas.

Castletownbere.

CONDADO DE KERRY

Killarney

Killarney goza de una situación geográfica excepcional que atrae a muchos turistas. La mayoría viene aquí para explorar el Parque Nacional de Killarney (Killarney National Park) y el famoso Anillo de Kerry (Ring of Kerry). La historia de la ciudad está estrechamente ligada a la religión. De hecho, san Finian fundó en el siglo VII un monasterio en la isla de Inisfallen (en uno de los tres lagos de Killarney) y Killarney se convirtió en un centro religioso. Pero no fue hasta el siglo XVIII que se desarrolló realmente, cuando lord Kenmare la convirtió en un centro turístico. La ciudad en sí no es excepcional y se concentra esencialmente en torno a su calle principal, High Street, donde se hallan la mayoría de los restaurantes, pubs, cafeterías y tiendas de recuerdos. No obstante, es alrededor de la ciudad donde reside la verdadera riqueza de la región. Los amantes de la naturaleza podrán visitar el espléndido Killarney National Park, que marca la entrada al Ring of Kerry.

■ CASTILLO DE ROSS ☆
Ross Road
℡ +353 64 663 5851
www.heritageireland.ie
rosscastle@opw.ie
A 2 km de Killarney.
Se puede llegar al castillo a pie por el sendero que sale directamente de Killarney, junto a la catedral. Esta ruta de 2,5 km no está mal, aunque es un poco larga, y es mejor recorrerla en bicicleta. La panorámica desde el castillo con vistas al lago Leane es pintoresca.

Fue construido en el siglo XV por un jefe del clan O'Donoghue Ross y se considera un ejemplo típico de fortaleza irlandesa. La visita es interesante y proporciona información sobre la vida cotidiana de los soldados que vivían en este cuartel militar. Las estancias están dispuestas a lo largo de una escalera de caracol. Las primeras habitaciones estaban destinadas a alojar a los soldados, que dormían en el suelo. Son monásticas por su sobriedad, pero en las plantas superiores, reservadas al jefe del clan y a su familia, se puede ver un hermoso mobiliario de roble antiguo. Las estancias más destacadas son el dormitorio, con su hermosa cama de madera tallada, y el gran salón, situado en lo alto de la torre, con su espléndido techo de madera, su cocina oculta tras un biombo de roble y su galería. A la entrada del castillo, un largo y musgoso canal transporta una miríada de coloridas embarcaciones.

▶ **Minas de cobre.** A la izquierda del castillo sale un sendero que conduce, bordeando el lago, a la mina de cobre más antigua de Irlanda, activa desde los años 2400 a. C. Después puede realizar una ruta circular de una hora y media, aproximadamente, para desviarse a la Governor's Rock y obtener una buena vista de la bahía de Ross (Ross Bay).

Parque Nacional de Killarney

Este espacio natural de 10 236 hectáreas ofrece magníficas oportunidades para practicar senderismo y ciclismo. Descubrirá, además, unos paisajes

© ESSEVU - SHUTTERSTOCK.COM

VISITA

Castillo de Ross.

magníficos de montaña y bosques (el último bosque de robles del país). También hay tres lagos en su recinto, y tendrá la posibilidad de observar numerosas especies de aves y ciervos.

El parque se divide en dos partes. Se puede acceder a pie desde la entrada que se halla junto a la catedral de Santa María, en el centro de Killarney. Es la entrada de Golden Gates, que conduce a Ross Road, un sendero que atraviesa el parque hasta el castillo de Ross y el embarcadero para la isla de Innisfallen. La otra entrada al parque se encuentra a 5 km, en la N-71, al suroeste de Killarney. Se trata del acceso principal, que conduce a la Muckross House, donde se halla el centro de visitas para el conjunto del parque, así como al Muckross Traditional Farms y al Torc Waterfall. Se puede llegar en taxi desde el pueblo. En verano, suele funcionar bastante bien hacer autostop. La bicicleta sigue siendo la mejor forma de desplazarse por estos dos lugares. Se han acondicionado rutas ciclistas y es una opción ideal para explorar todos los lugares en una tarde o un día. También se organizan visitas guiadas desde Killarney. Consulte los horarios y precios en la oficina de turismo.

■ **MUCKROSS HOUSE (GARDENS & TRADITIONAL FARMS)** ⭐⭐
N-71
✆ +353 64 667 0144
www.muckross-house.ie
info@muckross-house.ie
A 6,5 km de Killarney.

En el corazón del Killarney National Park, esta magnífica casa señorial victoriana del siglo XIX es ahora un museo. Sus propietarios la legaron al Estado en 1932, así que empezaremos con una visita a la casa tal y como la habitaron (durante más de 200 años). El mobiliario es muy interesante, sobre todo el del comedor y la biblioteca; estas dos grandes estancias ofrecen unas hermosas vistas al lago y los jardines. En la planta baja, varias salas, dedicadas a las herramientas de diversos oficios antiguos, forman un museo de Artes y Tradiciones Populares. Aquí podrá ver las herramientas del zapatero, el carpintero, el tejedor y el impresor. Las granjas, por su parte, presentan la Irlanda rural de antaño, con actores que interpretan los papeles de granjeros y sus esposas.

Los magníficos jardines de Muckross, donde los rododendros crecen extraordinariamente bien, fueron rediseñados para la visita de la reina Victoria en 1861 según las normas de los jardines ingleses de la época. El paseo en coche de caballos por las orillas del lago de Muckross es realmente fantástico.

▶ **Muckross House también funciona como Centro de Visitantes,** abierto todos los días de 9 a 17. 30 h y hasta las 19 h en julio y agosto (entrada gratuita). Este centro ofrece información sobre diversos aspectos del parque, mapas con

Arroyo en el Parque Nacional de Killarney.

sugerencias de rutas y también sobre las distintas especies animales que viven en el parque. Además, se proyecta un cortometraje de presentación del parque.

Innisfallen

Una pequeña y tranquila isla en el salvaje Lough Leane (lago Leane), donde se encuentran las ruinas de una magnífica abadía del siglo VII que, según se dice, fue construida por san Finian. Aquí también se escribieron en el siglo XIII los *Anales de Innisfalle*, un famoso manuscrito sobre la vida cotidiana en Irlanda en tiempos pasados.

Gap of Dunloe

El hermoso valle de Dunloe, salpicado de lagos, se extiende a lo largo de once kilómetros y es el escenario de algunos de los mejores paseos por los alrededores de Killarney. La ruta recorre cinco pequeños lagos: Coosaun Lough, Black Lake, Cushnavally Lake, Auger Lake y Black Lough, todos ellos unidos por el río Loe, del que toma su nombre el valle. La ruta termina cuando se desciende al Black Valley, hasta Lord Brandon's Cottage, a las afueras de Killarney. Desgraciadamente, este puede ser un lugar muy turístico, sobre todo en los alrededores de Kate Kearney's Cottage, donde los autocares descargan hordas de visitantes.

Aghadoe ⭐

Al noroeste del parque, en la colina Aghadoe, no se pierda la ruinas apiladas de la iglesia y de la torre Redonda del siglo XII, con magníficas piedras rosas y ocre. El ojo atento no pasará por alto (no lejos de una piedra ogham tumbada

© PIOTR KOSCIELNIAK - SHUTTERSTOCK.COM

y sellada) un fragmento de pilar con un bajorrelieve de factura bastante interesante. Se trata de una crucifixión: Cristo, con el cuerpo erguido, los brazos ligeramente en «V», la cabeza redonda coronada por una aureola, los pies girados hacia dentro, está crucificado sin cruz al lado de la Virgen María, que parece volar, o más precisamente bailar mientras vuela, mientras a su lado revolotea un ángel-mariposa… El conjunto, de técnica naíf, está sin embargo lleno de gracia. El pórtico también es muy notable. De construcción similar al de la iglesia de Kilmakedar, presenta arcos con motivos circulares y líneas quebradas. Pero los pilares son absolutamente originales: las piedras forman un dibujo que se hunde hacia el interior, revelando una forma hueca, una especie de cola de milano cóncava, embellecida por los múltiples matices de las piedras, del gris al ocre, del amarillo al óxido. Además, se puede disfrutar de magníficas vistas sobre el lago Leane y sus islotes.

ANILLO DE KERRY

Killorglin ⭐

Encantadora ciudad a orillas del río Laune, Killorglin es evidentemente muy turística, ya que es una parada para los exploradores del King of Kerry. Cabe señalar el puente de ocho arcos sobre el río, construido en 1885.

Cahersiveen ⭐

Es una de las ciudades más importantes de la península de Ivereagh. Daniel O'Connell, que fundó en 1823 la Catholic Association para conseguir la igualdad de derechos políticos para los católicos, nació cerca de Cahersiveen. En el centro de la ciudad hay iglesia dedicada a él, la O'Connell Memorial Church. En agosto, Cahersiveen acoge un festival internacional de música celta… Reserve su alojamiento con antelación.

Valentia Island ⭐

Cuando uno llega a la isla de Valentia, una pequeña lengua de tierra de 11 por 3 kilómetros, desde el puente que la une al continente, no tiene la sensación de estar en una isla. Sin embargo, Valentia se parece mucho al fin del mundo, y el tiempo parece haberse detenido… La isla debe su fama al hecho de que aquí se instaló, en 1857, el primer sistema de telégrafo transatlántico, de manera que durante años la comunicación fue mejor con Nueva York que con Dublín. Además, en 1992 se descubrieron cerca del faro, al noroeste de la isla, las huellas fosilizadas de un animal marino de hace cuatrocientos millones de años, las primeras de su tipo en Europa.

Skellig Islands

La visita a las islas Skellig es una experiencia especial que no hay que perderse, ya que es a la vez una aventura y un privilegio. Skellig Michael (la isla a la que se retiró el comandante Skywalker en la saga de *Star Wars*) es la única de las dos islas que se puede visitar, mientras que Little Skellig es una reserva ornitológica, habitada por frailecillos, gaviotas, alcatraces de pecho amarillo y petreles (las aves marinas más pequeñas de Europa). Estas dos islas, con su importante pasado monástico, son increíblemente bellas.

■ SKELLIG MICHAEL

A 16 km al oeste de Bolus Head, frente a la península de Iveragh.

Un mundo aparte, una peñasco irlandés perdido en el Atlántico, una isla salvaje y escarpada declarada Patrimonio de la Humanidad por la Unesco en 1996. Descrita por el dramaturgo irlandés George Bernard Shaw como «parte del mundo de los sueños», Skellig Michael tiene una historia religiosa singular. Es imposible no imaginar la vida cotidiana de los monjes que vivieron en este emplazamiento monástico, aislados y expuestos a las tormentas desde el siglo VI al XIII, cuando se trasladaron a Ballinskellig, en tierra firme. Por supuesto, aún hoy no hay restaurantes ni cafeterías en Skellig Michael, así que asegúrese de llevar un pícnic para su excursión de un día. En su visita observará:

▶ **La subida de 618 escalones** hasta las cabañas de piedra en forma de colmena (*clochain* en gaélico) expuestas a los elementos en la cima de la isla, a 218 metros sobre el nivel del mar. ¡Cuidado si tiene vértigo! Los historiadores cuentan que la comunidad de monjes bajaba todos los días estos escalones para tratar de pescar el alimento para el desayuno. Una lección de humildad.

▶ **La aldea monástica** del siglo VI, uno de los primeros monasterios de Irlanda, está dominada por una gran cruz de piedra, conocida como la «Piedra del sacerdote». La vista es espectacular. Un entorno de recogimiento, aislamiento y oración, ideal para despejarse.

▶ **El faro** (*lighthouse*) se construyó hacia 1800 y se automatizó en 1987. Ahora en desuso, permanece abajo como un juguete olvidado.

The Skellig Ring

No dude en desviarse del Anillo de Kerry y tomar esta pintoresca carretera panorámica de cuarenta kilómetros desde Cahersiveen a Waterville. Puede que el paisaje sea algo menos espectacular, pero esta ruta está mucho menos transitada, lo que le confiere mucha más autenticidad. Pasará por Portmagee, un pequeño y colorido puerto pesquero; por la magnífica bahía de St Finan, desde la que se divisan las islas Skellig, y luego por Ballinskelligs, un minúsculo pueblo que alberga las ruinas de un emplazamiento monástico probablemente vinculado a los monjes de Skellig Michael. También puede hacer una parada en la galería de arte Siopa Chill Rialaig, en Dun Geagan.

Waterville

Situada en medio del Anillo de Kerry, Waterville, una popular localidad costera, es un punto de parada natural en la ruta: paseo marítimo tranquilo, el mar al alcance de la mano, la bahía y vistas a Bolus Head. Una ciudad bastante agradable.

Caherdaniel

Unas cuantas casas de color azul pálido y rosa, una oficina de correos, un par de pubs… La encarnación de la tranquilidad que creíamos perdida. A un lado, las

VISITA

Dermane National Historic Park.

montañas de la península de Beara se ciernen como sombras; al otro, encontrará bellas playas de arena.

Derrnane National Historic Park

Un magnífico lugar donde pasear y observar numerosas aves. Tras atravesar un bosque exuberante, encontrará también una de las playas más bonitas de Kerry. Desde allí puede llegar hasta Abbey Island.

Sneem ⭐

Sneem es un bonito pueblecito con casas que se repintan cada año de amarillo pálido, azul ultramar y verde pastel, y una iglesia blanca con una veleta de color salmón… Este pueblecito tiene una característica bastante interesante: el general de Gaulle se detuvo aquí en 1969 en uno de sus muchos viajes a Irlanda. Eche un vistazo a la De Gaulle's

Stone (piedra de De Gaulle), conocida por todos los irlandeses del lugar.

Kenmare ⭐⭐

Pintoresca y elegante, Kenmare fue fundada por un tal William Petty que sirvió en el ejército de Cromwell. Kenmare se convirtió en un centro dinámico para el comercio y la industria en el siglo XIX. Hoy es una pequeña ciudad comercial viva, un buen punto de parada en el Ring of Kerry. El paisaje en la carretera que va de Kenmare a Killarney es espectacular.

■ **GLENINCHAQUIN PARK**
Gleninchaquin
℃ +353 87 712 8553
www.gleninchaquin.com
info@gleninchaquin.com
Desde Kenmare, diríjase hacia Castletownbere. Después de 12 km, gire a la izquierda en la señal del parque. La entrada está 8 km más adelante.

Al suroeste de Kenmare, entre montañas (las McGillicuddy Reeks), bosques, praderas, valles, arroyos, cascadas y lagos, este magnífico parque salvaje ofrece muchas posibilidades: pícnics en familia, senderismo (gracias a las numerosas rutas señalizados), pesca, botánica (multitud de flores silvestres) o incluso geología. Al final del valle (en Irlanda se dice «glen»), una granja ofrece aparcamiento, un salón de té y una zona de pícnic cerca de unas cascadas espectaculares. Una excursión por la naturaleza ineludible.

PENÍNSULA DE DINGLE

Dingle

La península de Dingle posee la soledad, a veces dramática, de los extremos. Conserva todavía la trágica belleza de una de las puntas más desgarradas de Irlanda, que parece proteger a las enigmáticas Blasket Islands, abandonadas desde 1954. También cuenta con una gran concentración de ruinas célticas (Beehive Huts, Gallarus Oratory, etc.).

Kilmalkedar

Una visita a Kilmalkedar le permitirá adentrarse en el arte románico irlandés.

VISITA

Los dos pórticos contiguos de las ruinas de la iglesia (siglo XII) recuerdan a los de la capilla de Cormac en Cashel, y al pórtico de Dysert O'Dea. En la propia iglesia, justo antes del segundo pórtico, hay una piedra con escritura oghámica y símbolos cristianos.

Gallarus Oratory

Es difícil imaginar algo más sencillo y espiritual que el oratorio de piedra seca de Gallarus (siglos VII o VIII). Recordemos que los oratorios eran capillas, construidas en piedra o madera, que a menudo constituían el corazón del recinto

© LINDA MARIE CALDWELL – SHUTTERSTOCK.COM

Kilmalkedar.

monástico. La tumba del fundador se encontraba junto al oratorio. La comparación obvia es la de un casco de barco de piedra volcado: pero ¿no se parece más a una cabaña construida para afrontar la eternidad de la meditación? Una cabaña perforada por una abertura circular que deja pasar un chorro de luz.

Ballyferriter ⭐

Gaeltacht bien conocido en Irlanda (se llama *gaeltacht* a las regiones que todavía hablan irlandés), Ballyferriter es una ciudad muy animada y un buen ejemplo de preservación de la cultura irlandesa.

Slea Head ⭐⭐

En esta ruta bien señalizada, verá varios carteles que mencionan las Beehive Huts: pequeñas cabañas de piedra que servían de vivienda a los granjeros en la era paleocristiana. Slea Head ofrece las mejores vistas de la península de Dingle. La carretera serpentea por el acantilado junto al mar hasta el crucifijo blanco que anuncia el sublime Slea Head. A lo lejos, los islotes rocosos, afilados como crestas marinas, se erizan y protegen las islas como una patrulla de barcos inmóviles. Las nubes sombrean el mar en un claroscuro de brillo cegador. Y el día se desvanece lentamente (que conste que aquí se rodaron las películas *La hija de Ryan* y *Un horizonte muy lejano*). No deje de visitar el fuerte Dunbeg (del siglo VIII o IX) y el Fahan Group (Beehive Huts), construido por los primeros monjes que llegaron a Irlanda.

Caherconree ⭐⭐

Desde Dingle, la carretera hacia Caherconree es realmente magnífica,

Caherconree.

salpicada de monumentos que se remontan a los primeros pobladores de Irlanda. Vislumbrará Inch Beach, una playa de arena fina de 6 km de longitud. En Caherconree, el paisaje se vuelve espléndido, con vistas a la bahía de Dingle, Castlemaine, los estuarios de los ríos Laugh y Caragh y el lago Caragh. Si gira hacia el norte, verá Tralee, la bahía de Brandon y la península de Magharees (podrá visitar el fuerte de Curor Mac Dain encaramado en la cima del monte Caherconree). Luego, si le apetece, continúe hacia Scotia's Grave para disfrutar de las preciosas vistas de Tralee y su bahía, Castlemaine; incluso se puede ver Killarney en un día despejado.

Tralee

De interés moderado, Tralee puede utilizarse, no obstante, como base de exploración por su situación a la entrada de la península de Dingle. No hay muchos monumentos que ver, sobre todo porque la ciudad ha sido destruida varias veces, pero es un gran lugar para vivir y las oportunidades de compras harán las delicias de muchos. La ciudad fue fundada por la familia anglonormanda Fitzgerald en 1216. En el siglo XVI, los Fitzgerald se habían convertido en los condes de Desmond. El último conde de Desmond se rebeló contra la reina Isabel I, quien mandó ejecutarlo y exhibir su cabeza en la torre de Londres. Tralee pasó entonces a manos de Sir Henry Denny.

Listowel ⭐

Al norte de Tralee, en la N-69, Listowel es una pequeña ciudad repleta de tiendas. Es la capital literaria y cultural de Irlanda y el lugar de nacimiento de dos de los escritores más famosos del país: John B. Keane y Brian Mac Mahon. Su castillo del siglo XV domina el río Feale.

▬ CONDADO DE LIMERICK ▬

VISITA

Limerick ⭐

Limerick vive actualmente un renacimiento cultural y económico. La ciudad bulle de vida, y aquí encontrará multitud de tiendas, pubs e interesantes museos y galerías. No deje de caminar por la orilla del río para descubrir el patrimonio de la ciudad. El mejor lugar para empezar es la oficina de turismo, para continuar después por los muelles hasta el castillo.

La vista del castillo desde el camino es muy fotogénica, con el río en primer plano y el puente. Limerick es también la capital irlandesa del rugby y el equipo del Munster se siente como en casa.

■ **HUNT MUSEUM** ⭐⭐
Rutland Street
℡ +353 61 312 833
www.huntmuseum.com
info@huntmuseum.com

© GIUSEPPE VITAGLIANO/SHUTTERSTOCK.COM

Limerick.

El museo, ubicado en la Casa de la Aduana (Customs House), de estilo palladiano, cuenta con una valiosa colección de objetos y arte desde la prehistoria hasta el siglo XVIII. Se trata de una colección privada que perteneció a la familia de anticuarios Hunt, que la donó al Estado. El arte y las antigüedades de Irlanda están especialmente presentes. Se exponen un escudo de la Edad de Bronce, un collar de plata vikingo, una selección de crucifijos, el cáliz de Galway y un increíble Apolo tallado del siglo XVI. Además de cuadros de Picasso, Renoir, Yeats…

■ CASTILLO DE KING JOHN ★★
Nicholas Street, King's Island
✆ +353 61 360 788
www.shannonheritage.com

King John's Castle es uno de los castillos anglonormandos de Irlanda más impresionantes. El centro de exposiciones presenta la historia atormentada de la guarnición y de los habitantes del castillo a partir de su construcción en 1212 por el rey John. Unos cuadros ilustran la evolución del edificio desde el siglo IX hasta nuestros días y relatan el papel de los celtas irlandeses autóctonos, de los ingleses, de los hugonotes y de los palacinos en los distintos períodos de la historia. La exposición incluye una sorprendente serie de seis esculturas de madera, al tamaño real de la gente de entonces, que representa personajes asociados a la historia del castillo. Las fachadas delanteras y traseras del centro de exposiciones han sido revestidas de inmensas pancartas heráldicas pintadas con escenas medievales y el nombre del castillo, King John. Los restos arqueológicos, expuestos en el sótano, evocan la historia urbana de Limerick. Una película realizada especialmente muestra a los protagonistas (desempeñados por actores) más importantes del asedio de 1691, que desembocó en el famoso Tratado de Limerick. Como rey de Irlanda, el rey John tenía su propia moneda, que se acuñaban en la ceca del castillo. Hoy, los visitantes pueden obtener una réplica de la moneda original como recuerdo de su visita. Por el patio del castillo, donde se exponen

Castillo de King John.

máquinas de guerra e instrumentos para el asedio, se pasean personajes disfrazados que ilustran la vida de Limerick en el siglo XIII.

Adare ⭐

A solo 10 km al sur de Limerick, Adare tiene fama de ser uno de los pueblos más bonitos de Irlanda. No tiene sentido contradecir esa reputación. Digamos simplemente que Adare no es un pueblecito de casas de muñecas, sino de casas de campo de muñecas. Ligeramente sobrevalorado… Y, por supuesto, atrae a las multitudes. Estas casitas fueron construidas por el conde de Dunraven en la década de 1820. Adare también alberga varios edificios medievales.

Lough Gur ⭐⭐

Lough Gur es, ante todo, un lago con forma de herradura, pero las pocas tierras que lo rodean (y que han tomado su nombre) constituyen uno de los yacimientos arqueológicos más importantes de Irlanda. Las primeras huellas humanas se remontan a mediados del año 3000 antes de nuestra era. Allí se localiza el círculo de piedras más grande del país, el Grange Stone Circle, pero también un dolmen. Las excavaciones

© KWIATEK7 – SHUTTERSTOCK.COM

VISITA

Craggaunowen.

también han desenterrado casas de la Edad de Piedra y restos de al menos tres *crannogs* (islas artificiales de madera).

Grange Stone Circle ⭐⭐

Este lugar de reunión prehistórico, el mayor círculo de piedras erguidas de Irlanda (un total de 113 piedras —45 metros de diámetro), tiene 4000 años de antigüedad. Este cromlech, cerca del lago Gur (Lough Gur), data del Neolítico.

▶ **¿Dónde?** Al sur de Limerick, no lejos de Bruff, en la carretera de Kilmallock.

CONDADO DE CLARE

Ennis ⭐⭐

Ennis, ciudad administrativa del condado de Clare, es una localidad viva y muy animada. En sus calles principales reina un clima de actividad que viene a atemperar la pasividad de su río Fergus,

la calma tranquilizadora del priorato del siglo XIII, su austera catedral del siglo XIX y la alta estatua de O'Connell. Un lugar agradable para tomarse un descanso y un excelente punto de partida para explorar esta magnífica región.

■ CRAGGAUNOWEN

Kilmurry
℃ +353 61 367 178
www.shannonheritage.com
reservations@shannonheritage.com
A 6 km al sureste de Quin.

Este es otro de esos parques que parecen encantar a los irlandeses y que recrean el entorno de sus habitantes desde la prehistoria hasta los primeros tiempos de la era cristiana. Pero aquí comenzamos con un castillo del siglo XVI, cuya sala de la planta baja recrea la decoración medieval. Se explican la evolución de la organización social de las tribus, sus técnicas de caza y sus métodos de construcción de viviendas bajo la forma de reconstrucciones históricas. El paseo comienza en Crannog, un pueblo construido en una isla artificial para garantizar mejor su defensa. Es interesante señalar que estos pueblos de la Edad de Bronce estuvieron a veces habitados hasta el siglo XVII. Continúa con un campo de cultivo y la reconstrucción de un camino del año 148 d. C. , tal y como lo descubrieron los arqueólogos: raíles de madera y tablones colocados a lo largo del mismo. El paseo continúa por una zona de cocina y baño.

El paseo nos lleva enseguida a un *ringfort* (pueblo fortificado circular): cabañas de piedra y paja, fuego de turba en el centro de la plaza, un secadero de pieles y un telar, sin olvidar un pasadizo subterráneo. ¡Muy bien reconstruido! Sabemos que la técnica de las obras defensivas circulares fue adoptada posteriormente por los celtas de Irlanda y seguía utilizándose cuando los normandos comenzaron a construir castillos.

Tampoco hay que perderse un retablo tríptico único. En el panel central, Cristo está crucificado, con una serpiente en su mano izquierda. La otra cruz, la del ladrón, está rodeada únicamente por una serpiente.

■ ENNISH FRIARY

Abbey Street
℃ +353 65 682 9100
www.heritageireland.ie
ennisfriary@opw.ie

Este priorato franciscano fue fundado en el siglo XIII por Turlough O'Brien, rey de Thomond. En torno a este lugar se desarrolló la ciudad de Ennis. El priorato prosperó gracias al apoyo de los O'Brien. Turlough O'Brien lo mandó construir con la esperanza de expiar sus pecados y entrar en el cielo. Incluso esperaba ser enterrado allí, pero murió antes de que se terminara el edificio y fue enterrado en otro lugar. El monasterio se disolvió en 1543, pero los monjes permanecieron en Ennis hasta 1570 bajo la protección de los O'Brien e incluso ocuparon algunas de las instalaciones del priorato hasta 1617. El primer impacto proviene de la altura de la nave, de la forma en que el muro que cierra la iglesia se lanza vertiginosamente al vacío. La tumba de Creagh es interesante por el altar del siglo XV que incorpora, que muestra sucesivamente la traición, la flagelación, la crucifixión, el entierro y la resurrección. Todos estos bajorrelieves tienen una composición remarcable, ya sea por la significativa desproporción de los actores, ya por la audacia estilística. La resurrección en particular, pero las escenas de la flagelación y la crucifixión son igualmente fascinantes. En el crucero sur, tampoco hay que perderse un pequeño cuadro en bajorrelieve: una representación del Ecce Homo de rara fuerza y belleza. El torso abierto, los ojos cerrados, las manos

Costa de Kilkee.

VISITA

atadas que descansan sobre el propio marco de la escultura rodeada de los instrumentos de la pasión y la crucifixión. Una maravilla de pura emoción. Merece la pena verlo.

Kilkee

Este tranquilo pueblo, situado en la punta de la península, cobra vida en verano. Es el punto de partida de unos paseos muy agradables a lo largo de los acantilados. Uno de los principales lugares de interés es Pollock Holes: una formación geológica que, en un lugar de la costa, ha creado auténticas piscinas naturales que contentan a los visitantes en verano.

■ LOOP HEAD

En el extremo suroccidental del condado de Clare, alejado de las principales rutas turísticas, Loop Head suele pasar desapercibido para los visitantes. Y sin embargo… Saliendo de Kilkee, un suntuoso recorrido panorámico lleva hasta la punta de la península, donde el viento suele ser muy fuerte. Esta estrecha franja de tierra que se adentra en el océano ofrece un paisaje costero espectacular. Un lugar ideal para una corta caminata.

▶ **Faro.** En la punta de la península, este imponente faro data de 1854 y se encuentra en perfecto estado (abierto al público en otoño y primavera). El primer faro (1670) funcionaba con carbón. Se alza a 90 metros sobre el océano. El abuelo del primer ministro de la República de Irlanda (Enda Kenny), James McGinley, fue farero aquí en la década de 1930.

▶ **Church of the Little Ark.** Se trata de una pequeña cabaña de madera sobre ruedas, que contiene un altar, alojada en un anexo de la iglesia de Kilbaha. Para entenderlo mejor, esta iglesia en miniatura (1852) era transportada a la playa con la marea baja durante el periodo de dominación inglesa, que prohibió la construcción de una iglesia católica. Durante cinco años, se celebraron en ella misas, bodas y bautizos, ilegalmente en la playa de Kilbaha.

▶ **Bridge of Ross.** Un solitario arco marino en la costa norte de la península, famoso por ser uno de los mejores lugares de Europa para la observación de aves. A finales de verano y principios de otoño, pardelas, págalos y petreles pasan muy cerca de la orilla en su migración hacia el sur.

Bunratty

Esta pequeña ciudad, situada a orillas del estuario del Shannon, debe su reputación a su famoso castillo, donde se organizan todos los días los no menos famosos «banquetes medievales».

■ **CASTILLO DE BUNRATTY & FOLK PARK**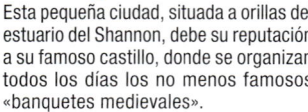
✆ +353 61 360 788
www.shannonheritage.com
reservations@shannonheritage.com
El castillo fue construido en 1425 y pasó a ser propiedad de los Studdart. Vivieron allí hasta el siglo XIX. En 1954, la fortaleza fue adquirida por Lord Gort, quien le dio su aspecto actual y reunió la más rica colección de mobiliario medieval irlandés.

▶ **El Bunratty Folk Park** recrea, casa por casa, un pueblo rural del siglo XIX, desde la cabaña de paja hasta la granja, la iglesia, la escuela y el pub. Sin olvidar los animales y los actores vestidos de época.

Killaloe

Killaloe es un pintoresco pueblo situado junto al lago Deirgeirt, rodeado de colinas y montañas. Es también la ciudad natal de Brian Boru (940-1041), el mayor de los grandes reyes de Irlanda, que sometió a los vikingos y que es también el antepasado del clan de los O'Brien.

Mountshannon

Situado junto al lago Derg, Mountshannon es un pueblo encantador. El puerto alberga numerosos barcos de pesca y yates de turistas. Desde aquí se puede llegar a Holy Island, una isla que alberga unas ruinas monásticas del siglo VII.

Ennistymon

Ennistymon, un pequeño pueblo situado en la carretera que lleva a los acantilados de Moher, no tiene a primera vista nada excepcional. Pero tómese el tiempo de detenerse por un momento. Bajo un arco, en el extremo sur de la calle principal, encontrará un pasaje que le llevará al lugar donde el río Inagh se arroja en cascadas. Lo disfrutará aún más después de una lluvia intensa. Es encantador y relajante.

Lahinch

Excelente lugar para practicar surf, este pequeño pueblo goza de una magnífica ubicación, enclavado en la bahía de Liscannor. Puede que esté más concurrido que los pueblos más grandes de la zona, gracias a sus legendarias olas, pero Lahinch no ha perdido nada de su encanto. Con una calle y media, dos playas estupendas, pubs acogedores y comida para todos los bolsillos, este pequeño rincón del paraíso es también un buen punto de partida para visitar la península de Clare.

© HÖNSTER - ISTOCKPHOTO

Costa de Kilkee.

Liscannor ⭐

El nombre de este pueblo costero es también el de una piedra local utilizada en la construcción de muros, suelos y tejados. Desde aquí podrá llegar a Hag's Head, extremo sur de los acantilados de Moher, desde donde podrá disfrutar de unas vistas magníficas. Para llegar desde Liscannor, tome la carretera de los acantilados a 5 km y, a 500 metros después del Moher Lodge Farmhouse, tome un camino que sube a la izquierda. Le aconsejamos dejar el coche en la cima de la colina.

Acantilados de Moher ⭐⭐⭐

Los acantilados de Moher (Cliffs of Moher) forman parte de estos lugares ineludibles, desgraciadamente invadidos por los turistas. La mejor manera de disfrutar de ellos es venir después de las 19 h (hora de cierre del centro de visitantes) para contemplar la puesta de sol con calma.

Con sus escarpados y salvajes acantilados, que se extienden a lo largo de 8 km —algunos de ellos superan los 200 m—, la naturaleza exhibe tal magnitud que sería lamentable no venir y experimentarlo por uno mismo. Los acantilados ofrecen unas vistas sublimes. Cuando hace buen tiempo, se divisan las islas de Aran y las montañas del Connemara. Un camino conduce al punto más alto de los acantilados y a la torre O'Brien. Aunque el emplazamiento está muy visitado, muchas personas paran a la vista del primer acantilado, que ya ofrece sensaciones fuertes y promete bellas fotografías. A continuación, los senderistas pueden proseguir su viaje hasta la misma punta de los acantilados. En el camino hay una perspectiva constantemente cambiante sobre estos acantilados desgarrados en los que se ven muchas aves que han construido sus nidos en las grietas.

Los amantes de la ornitología no deben olvidar sus prismáticos para observarlas de cerca.

Caminar por estos acantilados es realmente emocionante. Sin embargo, no es recomendable ir con niños a la parte más salvaje, ya que el sendero es bastante estrecho y casi da vértigo. Otra posibilidad es contemplarlos desde el mar. Los puertos de Doolin y Liscannor organizan excursiones en barco.

Doolin

Doolin es un pequeño pueblo pesquero tradicional con muchos alojamientos,

ya que la zona es muy turística debido a su entorno. Fisher Street es la pequeña zona donde se concentran las tiendas y los pubs. A pocos kilómetros al norte de Doolin, se puede visitar la Doolin Cave (Pol an Ionain), con algunas de las estalactitas más antiguas del mundo. Sin embargo, los acantilados de Moher, a 6 km al suroeste por la R-478, son una visita obligada. Estos acantilados miden hasta 214 metros de altura y ofrecen unas vistas incomparables de las islas Aran desde O'Brien's Tower. El puerto de Doolin organiza excursiones en barco a estas maravillas naturales.

REGIÓN DEL BURREN

Lisdoonvarna

Lisdoonvarna es una localidad termal llena de hoteles, restaurantes y *bed & breakfast,* que le dan un carácter algo fantasmagórico.

Aun así es un buen punto de partida para visitar la región del Burren. La estación termal local recibe a numerosos visitantes cada año, desde hace siglos. El agua de Lisdoonvarna contiene hierro, azufre, magnesio y yodo, supuestamente buenos para las afecciones reumáticas y glandulares.

■ BURREN WAY

La Burren Way es una ruta de 98 km (o 116 km con el círculo de Black Head). Le llevará a través de un paisaje calcáreo salvaje, escarpado y caótico; descubrirá majestuosas terrazas llenas de flores silvestres, de restos neolíticos, iglesias y lugares cristianos. Esta ruta de senderismo de larga distancia atraviesa

la región del Burren (desde Ballyvaughan, en la costa norte del Burren, hasta Liscannor, en el suroeste, pasando por Doolin, Lisdoonvarna y los acantilados de Moher). La última parte del recorrido transcurre principalmente por carretera.

Black Head

Black Head es el punto más noroccidental del Burren, un promontorio de piedra caliza que se adentra en el océano. Cerca de allí, en medio de una vasta extensión de losas calizas, hay un fuerte circular de la Edad de Hierro. La subida a Cathair Dhun Iorais es una experiencia maravillosa.

■ POULNABRONE DOLMEN

En el borde de la carretera R-480, bastante fácil de encontrar.

El dolmen más famoso de la región data del año 3000 a. C. , y la piedra que lo recubre parece extrañamente ligera...

© PATRYK KOSMIDER/SHUTTERSTOCK.COM

Paisaje de Doolin.

Este megalito neolítico, bastante bien conservado, representa un pórtico, formado por siete bloques de piedra particularmente imponentes, cuya cima se eleva a casi dos metros. El paisaje que lo rodea es fantástico.

▶ **Consejo fotográfico:** el dolmen de Poulnabrone se presta especialmente a la fotografía al atardecer, cuando la luz se cuela por las grietas de los bloques de piedra.

Ballyvaughan

Se trata de uno de los lugares más bonitos del Burren. Ballyvaughan, además de su posición estratégica, es una pequeña y exquisita localidad costera ideal como punto de partida para explorar la región. El suelo aquí es menos duro y rocoso; más bien al contrario, es verde y exuberante. Si desea disfrutar de unas magníficas vistas del norte de la región del Burren y de la bahía de Galway, suba a la cima de la colina de Corkscrew (Corkscrew Hill), que no se halla lejos de Ballyvaughan.

Carran

Carran, o Carron, es un encantador pueblecito rural situado en un alto, que ofrece unas buenas vistas del Burren. Es el lugar de nacimiento de Michael Cusack (1847-1906), cofundador de Gaelic Athletic Association (GAA), la organización deportiva encargada de preservar el deporte gaélico (*hurling, camogia,* fútbol gaélico, balonmano gaélico y *rounders)* y difundir más ampliamente la cultura irlandesa (lengua, música y danza).

Kilfenora

Este pequeño pueblo del sur del Burren es famoso por la catedral de San Fachanan, el grupo de música tradicional Kilfenora Céilí Band y su antigua escuela, hoy convertida en un pequeño museo dedicado a la región (The Burren Centre).

CONDADO DE GALWAY

Galway ⭐⭐⭐

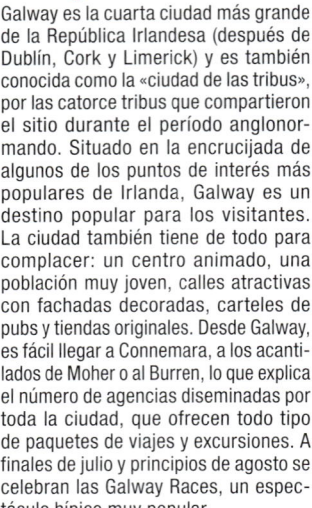

Galway es la cuarta ciudad más grande de la República Irlandesa (después de Dublín, Cork y Limerick) y es también conocida como la «ciudad de las tribus», por las catorce tribus que compartieron el sitio durante el período anglonormando. Situado en la encrucijada de algunos de los puntos de interés más populares de Irlanda, Galway es un destino popular para los visitantes. La ciudad también tiene de todo para complacer: un centro animado, una población muy joven, calles atractivas con fachadas decoradas, carteles de pubs y tiendas originales. Desde Galway, es fácil llegar a Connemara, a los acantilados de Moher o al Burren, lo que explica el número de agencias diseminadas por toda la ciudad, que ofrecen todo tipo de paquetes de viajes y excursiones. A finales de julio y principios de agosto se celebran las Galway Races, un espectáculo hípico muy popular.

■ GALWAY CITY MUSEUM ⭐⭐

Spanish Parade
✆ +353 91 532 460
www.galwaycitymuseum.ie
museum@galwaycity.ie

No se puede perder una visita al museo de Galway, al menos para acceder a la terraza: la Spanish Arch (las puertas de la ciudad) desde donde se puede disfrutar de una vista panorámica de la bahía de Galway. El museo permite descubrir todo tipo de objetos relacionados con la historia de la localidad, como aperos de labranza, piezas de maquinaria antigua, material militar, pero también piedras de la época medieval adquiridas por la artista Claire Sheridan. ¡Una experiencia que encantará a los amantes de la historia!

■ GALWAY MARKET ⭐

Church Lane
www.galwaymarket.com
info@galwaymarket.com

Todos los sábados, en torno a la iglesia medieval de San Nicolás, se monta un simpático mercado. Allí encontrará floristas y artesanos, ropa, joyas y artículos de cuero. También hay pequeños puestos de comida para llevar, como el delicioso puesto de falafel que se ha ganado una sólida reputación. Es una forma estupenda de mezclarse con la gente de Galway y descubrir algunos artículos únicos. Durante el Galway Arts Festival, el mercado funciona durante tres días, de viernes a domingo.

Kinvara ⭐

Este bonito puerto pesquero, al sureste de la bahía de Galway, es un buen punto de partida para visitar el Burren y Connemara. Disfrute de su ambiente tranquilo para tomar una copa en la terraza de un pub, frente al mar, o en su colorida calle principal. Se trata de una parada típicamente irlandesa.

■ CASTILLO DE DUNGUAIRE

Dungory East
℡ +353 61 711 222
www.dunguairecastle.com
reservations@shannonheritage.com
Siga la N-67 hacia el norte por la bahía de Galway.

Dunguaire es probablemente el castillo más fotografiado de Irlanda. Esta mansión del siglo XVI está situada en el estuario de la bahía de Kinvara. Construido en 1520 por el clan Hynes, pasó a ser propiedad del alcalde de Galway, Richard Martyn, en el siglo XVII. Más tarde fue comprado por Oliver St John's Gogarty y se convirtió en un lugar de encuentro para escritores revivalistas como William Butler Yeats, Lady Gregory y George Bernard Shaw. En 1954, el castillo fue adquirido por Christobel Lady Athmill, quien completó los trabajos de restauración iniciados por Oliver St John's Gogarty.

VISITA

ISLAS ARAN

Inishmore

Inishmore, la más grande de las islas (con 900 habitantes), es también la de más fácil acceso y, por tanto, la más visitada. Kilronan es el pueblo más importante de la isla; allí llegan los barcos y allí podrá alquilar bicicletas.

Sin duda, el monumento más impresionante que puede ver en las islas Aran se encuentra en Inishmore: Dun Aengus (o Dun Aonghasa), un antiguo fuerte de piedra, considerado como uno de los yacimientos arqueológicos más impresionantes del país.

■ DUN AENGUS

Kilmurvey
℡ +353 99 61008
www.heritageireland.ie
dunaonghasa@opw.ie

En la costa sur de la isla de Inishmore, Dun Aengus es una imponente y famosa fortaleza marítima de piedra, construida alrededor del año 1100 a. C. sobre un acantilado de 90 metros. Algunos investigadores creen que el edificio original debió de estar protegido por tres recintos circulares, por lo que la otra mitad de lo que vemos hoy se habría perdido en la bahía de Galway por el derrumbe de un acantilado. Las vistas desde lo alto son magníficas. Sin embargo, el lugar, que cae abruptamente en el océano, puede ser peligroso.

Inishman

Con una población de 200 habitantes y más tranquila que Inishmore, Inishmaan (*Inis Meáin* en gaélico) es la más virgen de las islas. Un lugar apacible donde pastan tranquilamente las vacas y ovejas. En Gregory Sound, puede sentarse sobre un túmulo celta de piedra llamado Synge's Chair. También hay dos restos de fuertes (Dún Conar y Dún Moher).

Inisheer

Inisheer es la más pequeña de las islas. Es realmente diminuta, sin embargo alberga

© LISANDRO LUIS TRARBACH – SHUTTERSTOCK.COM

Inisheer.

un número incalculable de esos famosos muros de piedra. Sin grandes yacimientos arqueológicos ni infraestructuras turísticas, la isla ha permanecido virgen.

Podrá ver el castillo de O'Brien, del siglo XIV. Dentro de la muralla que lo rodea hay un castro celta del siglo IV, llamado Dun Formna. También podrá visitar la iglesia de St Kevin, del siglo XII, a la que periódicamente se le quita arena y conchas de las dunas. El pequeño museo, en estado precario, ofrece cierta documentación sobre la vida en las islas. Por último, si toma el Inisheer Way, emprenderá una inolvidable caminata de quince kilómetros.

CONNEMARA

Kylemore ★★★

La abadía de Kylemore es una de las principales atracciones turísticas de Connemara. Fue construida en la década de 1870 por Mitchell Henry para su esposa, que cayó bajo el embrujo de este paisaje encantador durante su luna de miel.

En la ladera, a orillas del Lough Pollacappull, la abadía fue comprada en 1920 por la Comunidad Benedictina, que fundó una escuela internacional para niñas (cerrada en 2010). Se puede visitar la abadía. Los fondos recaudados se destinan al mantenimiento del edificio.

■ **ABADÍA DE KYLEMORE** ★★★
N-59, Pollacappul, Connemara, Co. Galway
✆ +353 95 52001
www.kylemoreabbey.com
info@kylemoreabbey.com
El monasterio, que se eleva hacia el monte Dúchruach, fue originalmente un castillo, construido en 1867 por Mitchell

Henry, un hombre de negocios inglés. Después lo vendió a las monjas benedictinas, que se instalaron allí tras la Primera Guerra Mundial. Fue una institución para chicas jóvenes, que abandonó las instalaciones en 2010. Puede visitar las habitaciones de época restauradas y los magníficos jardines victorianos, que han recuperado su antiguo esplendor (servicio de transporte gratuito de abril a octubre). También merece la pena dar un paseo hasta el lago para ver la iglesia neogótica.

Clifden

La capital de Connemara, situada al final de la bahía de Clifden, goza de una magnífica situación. En Market Square encontrará muchas terrazas encantadoras, y en Main Street verá varios comercios, una galería de arte y tiendas de ropa de buena calidad. Además, se puede llegar a una pequeña e íntima cala siguiendo la Beach Road a lo largo de la bahía.

■ SKY ROAD

Entre el cielo y el mar, esta ruta de 12 km que va desde Clifden hasta Kingstown puede recorrerse en coche o en bicicleta, pero la carretera es sinuosa y estrecha. Se trata de una espiral a lo largo de la escarpada costa de la península de Kingstown, con fabulosas vistas. La Sky Road, una etapa de la Wild Atlantic Way, se divide en tres partes: la Beach Road, la Low o Upper Road y la Sky Road. A pie, recomendamos la Low Road. En la parte superior de la Sky Road se encuentra el D'Arcy Monument, un monumento a John d'Arcy Inishturk, fundador de Clifden.

Cleggan

Este encantador pueblecito pesquero con vistas a la bahía de Cleggan es el punto de partida para explorar las islas de Inishbofin (santuario de aves y piedras) e Inishturk. También es un buen lugar para encontrar alojamiento si los hoteles de Clifden están llenos, o simplemente para hacer una parada en alguno de sus pubs.
Se aconseja subir a la cima de la colina de Cleggan para ver las ruinas de una torre construida en el siglo XIX, durante las guerras napoleónicas. La torre en sí, destruida por el viento y el tiempo, carece de interés, pero la vista es magnífica. Por último, Cleggan es también un destino popular para pasear a caballo por las playas.

Inishbofin

Inishbofin es una pequeña y tranquila isla de 150 habitantes situada a unos 9 km de la costa de Cleggan. La calma y el magnífico paisaje la convierten en un destino ideal para excursionistas y ciclistas. Se encontrará en plena naturaleza, casi totalmente aislado.
El primer monasterio fue fundado por san Colman, obispo de Lindisfarne, en el 668, al noreste del puerto. Hoy en día, se pueden ver aquí las ruinas de una iglesia del siglo XII. En el siglo XVI, Grace O'Malley, una famosa pirata, utilizó Inishbofin como escondite. En 1652, las tropas de Cromwell capturaron la isla y construyeron una prisión para sacerdotes y monjes. Muchos perdieron la vida allí. Uno de ellos fue encadenado a una roca (Bishop's Rock) cerca del puerto y murió ahogado cuando subió la marea.

VISITA

Si pasa la noche en la isla, descubrirá que al anochecer los pubs están sorprendentemente animados.

Letterfrack

Letterfrack, fundada a mediados del siglo XIX por los cuáqueros, es un buen punto de partida para acceder al Parque Nacional de Connemara.

■ PARQUE NACIONAL DE CONNEMARA

✆ +353 95 41054
www.connemaranationalpark.ie
cnp@ahg. gov.ie

Es difícil pasar por alto el legendario Parque Nacional de Connemara (Connemara National Park), uno de los espacios naturales más bellos de Irlanda. Creado en 1980, abarca más de 2000 hectáreas de turberas, montañas, lagos y páramos, y alberga algunas de las montañas más altas de Irlanda, conocidas como los *Twelve Bens*. La zona que hoy ocupa el parque corresponde en gran parte a las antiguas propiedades de la abadía de Kylemore. Visitantes de todo el mundo acuden aquí en cualquier época del año para descubrir esta espectacular zona, conocida también por su fauna y flora salvajes. Además de numerosos pájaros (petirrojos, chochines, tordos, estorninos, etc.), podrá avistar zorros, armiños y, los más afortunados, el famoso pony de Connemara. Los vestigios de la presencia humana, como las tumbas megalíticas de 4000 años de antigüedad o los restos de la antigua carretera que conducía a Galway, también marcarán el ritmo de su descubrimiento. Hay cuatro rutas de senderismo, que parten del centro de visitantes, para descubrir el parque.

▶ **Rutas de senderismo.** Ellis Wood Nature Trail: una ruta fácil de 0,5 km por el sotobosque, cerca de una pequeña cascada. Sruffaunboy Walk: un paseo de 1,5 km fácil de hacer con niños. Lower Diamond Hill Walk: esta ruta de 3 km ofrece magníficas vistas de la península de Renvyle. Upper Diamond Hill Walk: un sendero de 7 km que lleva a la cima de Diamond Hill (una montaña de 445 m de altura; con un ascenso ligeramente empinado), desde donde hay unas vistas magníficas (prevea 3 horas). Extraordinarias para hacer en un día despejado.

Leenane

Muy bonito pueblo rodeado de montañas y cerca del macizo de las Maumturk Mountains. Los paisajes son tan grandiosos y representativos de Irlanda que el director Jim Sheridan optó por hacer aquí su adaptación cinematográfica de la obra de John B. Keane, *El prado*, en 1990. Leenane es una visita obligatoria para cualquier excursión en Connemara.

Lough Corrib

El mayor lago de la República de Irlanda (48 km de largo y 200 km^2 de superficie), famoso por la pesca del salmón y la trucha. Desde Oughterard, puede tomar un barco hasta la mayor de las 365 islas del lago, Inchagoill Island, un lugar apartado salpicado de hermosas iglesias en ruinas.

Recess

Este tranquilo pueblo está cerca de algunos de los paisajes más impresionantes de la región. Al norte se encuentra el magnífico valle del lago

Inagh (Lough Inagh), que merece la pena ver. La carretera que conduce a él desde Recess es una belleza.

Roundstone

Esta localidad de pescadores al pie del monte Errisberg (298 m) es quizás el pueblo más bonito de Connemara. Su puerto está lleno de barcos que pescan bogavantes y de *currachs*, botes a remo típicos del oeste de Irlanda. Se puede caminar desde el centro de Roundstone hasta la cima del monte (unas 2 horas a pie), desde donde disfrutará de unas magníficas vistas a la bahía y a los picos de los Twelve Bens. Las bonitas playas de Roundstone también son muy populares. Un poco más lejos, en dirección a Ballyconneely, se alza la magnífica playa de arena blanca de Gurteen Bay y Dog's Bay.

CONDADO DE ROSCOMMON

Roscommon

Pequeña y animada ciudad comercial cuyo nombre («Bosque de Comán» en gaélico) procede de san Comán, abad de Clonmacnoise, que fundó aquí un monasterio de canónigos agustinos en el siglo VIII. La capital del condado alberga numerosos lugares de interés, como el excelente County Museum, los restos de una abadía del siglo XIII y el impresionante castillos de Roscommon, mientras que en los alrededores se encuentran dos de los lugares de interés más importantes del país, el yacimiento arqueológico de Rathcroghan y el museo nacional de la Gran Hambruna. Una base ideal para visitar el oeste de Irlanda y las Midlands.

■ STROKESTOWN PARK & NATIONAL FAMINE MUSEUM
Strokestown
℃ +353 71 963 3013
www.strokestownpark.ie
info@strokestownpark.ie
21 km al norte de Roscommon, por la N-61 y luego la R-368.

Una residencia histórica del siglo XVIII que alberga el patrimonio de la familia Mahon, y unos magníficos jardines de dos hectáreas. En los antiguos establos, no se pierda las conmovedoras exposiciones del museo que relatan el desastre de la Gran Hambruna (1845-1850), uno de los acontecimientos más trágicos de la historia de Irlanda. Irónicamente, el turismo es a veces incómodo, como cuando sale de este museo y se encuentra de bruces con un restaurante turístico.

Boyle

Cerca del Lough Key (uno de los lagos más bonitos de Irlanda), Boyle es una pequeña ciudad floreciente, en particular por el número de lugares de interés en sus inmediaciones. Para los cinéfilos, Boyle es también la ciudad natal del actor irlandés Chris O'Dowd.

■ CASTLE ISLAND
Lough Key
Castle Island es una pequeña isla en medio del hermoso lago Key. La isla se compone esencialmente de un magnífico

castillo, construido en el siglo XIII. El edificio también es conocido como el Macdermott's Castle, en honor a la familia que ocupó el lugar durante mucho tiempo. Una familia influyente de la región que podía aprovechar la ubicación ideal de su castillo para vigilar los alrededores. Para admirarlo, se puede hacer una excursión a bordo de uno de los pequeños barcos de empresas privadas que recorren el lago. Es una salida muy agradable.

CONDADO DE MAYO

Cong ⭐⭐

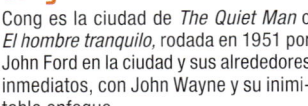

Cong es la ciudad de *The Quiet Man* o *El hombre tranquilo,* rodada en 1951 por John Ford en la ciudad y sus alrededores inmediatos, con John Wayne y su inimitable enfoque.

Cong es un pueblecito exquisito, perfecto para abastecerse de postales.

Westport ⭐⭐

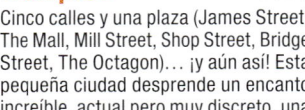

Cinco calles y una plaza (James Street, The Mall, Mill Street, Shop Street, Bridge Street, The Octagon)… ¡y aún así! Esta pequeña ciudad desprende un encanto increíble, actual pero muy discreto, una especie de equilibrio entre la actividad cotidiana y los paseos junto al mar. Esto se debe sin duda a su arquitectura única, diseñada para el conde de Altamont en el siglo XVIII, que combina un agradable canal, The Mall, una original plaza, The Octagon, y una línea de visión hacia el puerto. La riqueza de los alrededores (estamos a las puertas de Connemara, junto a Achill Island) la convierte en un paradero muy agradable, ideal si se tienen niños pequeños.

Mulranny ⭐

Encantador pueblecito rodeado por las bahías de Clew y Blacksod. Su aspecto

© MARK GUSEV – SHUTTERSTOCK.COM

Achill Island.

Belmullet.

más destacado es su flora, compuesta por magníficas y coloridas fucsias y plantas exóticas. Esta profusión natural de plantas raras y colores vivos se celebra cada verano en julio, durante el Mulranny Mediterranean Heather Festival, con barbacoas, espectáculos de danza tradicional, concurso de disfraces, etc. Una parada en Mulranny debe incluir una visita de la península de Corraun y de Achill Island.

Achill Island ⭐⭐

La isla más grande de la costa irlandesa, conectada al continente por un puente. La Atlantic Drive (carretera panorámica) empieza en la península de Corraun: el mar bordea una costa de piedras y montes desiertos poblados por una avalancha de rocas. La carretera discurre junto al mar; esta es la Irlanda salvaje tal y como siempre se la ha imaginado, tal y como siempre se ha idealizado en los panfletos de viaje. El pueblo más animado de la isla es Keel.

Bangor Erris ⭐

Al noroeste del condado, este pueblo es el punto de partida o de llegada del Bangor Trail, una ruta de 48 km que une Bangor Erris con Newport y que le hará cruzar una región realmente exótica y salvaje, anclada en la tradición irlandesa. Considerada como el límite occidental de Europa, sigue conservando muchos *Gaeltacht*, regiones en las que la lengua irlandesa sigue siendo predominante. La costa norte, de Belderrig en Erris Head, no es más que una sucesión de magníficas vistas y acantilados impresionantes que dan a la bahía de Broadhaven, al norte, y al océano Atlántico, al oeste. Toda la costa está rodeada por kilómetros de playas (Portacloe, Rinroe, Doohoma, Elly, Mullaghroe).

Belmullet ⭐

La ciudad más grande y una de las puertas de entrada a la península de Mullet. Aunque está situada entre dos bahías, en una región muy salvaje (que es lo que la hace tan encantadora), a esta pequeña ciudad no le faltan actividades: pesca, golf, surf…

Ballycastle

Un pueblo tranquilo con una bonita playa (no confundir con su homónimo en Irlanda del Norte). Cerca de los magníficos acantilados que caen en el océano Atlántico, se alza uno de los yacimientos arqueológicos más famosos y extensos del mundo, Céide Fields.

Killala ⭐

Dominada por su torre redonda (siglo XII), Killala tiene ese encanto especial de un pequeño pueblo costero. Fue aquí donde desembarcaron los franceses dirigidos por el general Humbert en 1798. Este acontecimiento y fecha se conocen hoy en la región como «el año de los franceses en la historia de Irlanda», y se mencionan en numerosos libros. Killala es perfecta para la pesca marítima.

Crossmolina ⭐

Situado a orillas del río Deel, a 13 km de Ballina, Crossmolina es el lugar ideal para explorar el norte del condado de Mayo. Allí podrá visitar el North Mayo Family Heritage Center, que se esfuerza por promover y preservar la muy rica cultura de la región, presentando la historia y el folclore local. Además, también propone un servicio de genealogía a los visitantes deseosos de encontrar a sus antepasados de la región.

Ballina ⭐

Ballina, con sus 7000 habitantes, es la principal ciudad de Moy Valley y del condado de Mayo. En 1798, fue invadida por un millar de soldados franceses que desembarcaron en Killala Bay bajo el mando del general Humbert para ayudar a los irlandeses en su lucha contra los ingleses. Después de tomar Killala y Ballina, cruzaron las montañas para sorprender a la guarnición inglesa de Castlebar. Pero su intento terminó en fracaso, en parte debido a la falta de apoyo de la población local.

Si desea visitar el norte del condado, o acercarse al Lough Conn, Ballina es un buen punto de partida.

Knock ⭐

Hoy en día, la fe ya no mueve montañas, sino que construye aeropuertos internacionales, como atestiguan la ciudad de Knock y su legendario sacerdote. Pueblo de peregrinación, Knock es sin duda el lugar más visitado de todo el oeste de la isla (alrededor de 1 500 000 visitantes al año). El 21 de agosto de 1879, quince aldeanos tuvieron el privilegio de presenciar la aparición de la Virgen María, José y san Juan. Los buenos aldeanos permanecieron paralizados ante esta visión milagrosa durante 2 horas, ¡y bajo la lluvia! Desde entonces, el pueblo ha construido una basílica, Our Lady's Shrine, capaz de acoger a miles de peregrinos y un campamento adecuado. Pero monseñor James Horan no se detuvo ahí: durante años luchó para que se construyera un aeropuerto internacional para el tráfico de peregrinos… ¡Más importante que Lourdes o Fátima! Lo que le espera: siete misas al día, confesiones a partir de las 11 h, devoción pública a las 14.15 h todos los días, una noche de vigilia una vez al mes y un museo que cuenta la historia y el milagro de Knock.

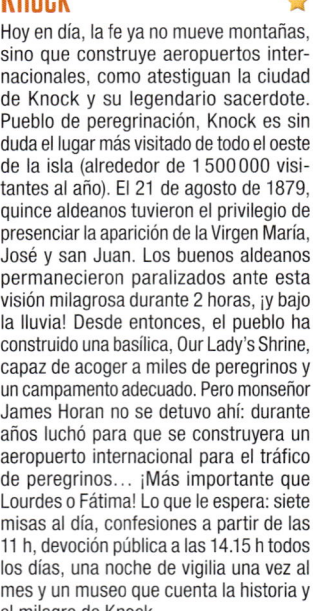

CONDADOS DE SLIGO Y LEITRIM

Sligo ⭐⭐

Sligo es el centro administrativo del condado, pero sobre todo es la cuna del poeta y dramaturgo irlandés William Butler Yeats, que dejó su impronta en la ciudad y región. En Sligo quedan pocos edificios históricos, aparte de la abadía, pero la ciudad es un buen punto de partida para descubrir el condado, una región salvaje y aislada con la mayor concentración de monumentos megalíticos de Irlanda.

■ ABADÍA DE SLIGO ⭐⭐
Abbey Street
✆ +353 71 914 6406
www.heritageireland.ie
sligoabbey@opw.ie

La visita a la abadía de Sligo merece la pena sobre todo por su claustro y la rareza de su bóveda, oscura y húmeda como una galería subterránea. Pero la historia de este monumento no está exenta de giros. La abadía dominica fundada en el siglo XIII por Maurice Fitzgerald (quien también fundó la ciudad de Sligo), fue destruida por un incendio accidental y reconstruida en el siglo XV. Fue incendiada de nuevo en 1642 cuando los soldados de Oliver Cromwell atacaron la ciudad. Los monjes fueron enviados al exilio en 1698, cuando la abadía fue confiscada por la Corona. Finalmente, en el siglo XVIII, un comerciante local llamado Thomas Corcoran se tomó la libertad de extraer materiales de la abadía para construir casas en los alrededores.

En la iglesia, a cielo abierto, no se pierda la imponente estela funeraria de los O'Connell (1624) y, frente a la entrada, el monumento de los O'Croans que, alrededor de un Cristo en la cruz, ordena (con un trazo de cincel que podría pensarse que procede de una mano románica, mientras que data de principios del siglo XVI) a la Virgen María y a algunas figuras de santos. El altar de piedra del siglo XV, finamente decorado con hojas de uvas y rosas (del siglo XV), es el único ejemplo que se conserva de un altar tallado en una iglesia irlandesa. En algunas de las columnas del claustro (siglo XV) hay varias tallas pequeñas: una cabeza de carnero y un rostro coronado por el «nudo de Amor», un símbolo que representa el vínculo entre el amor terrenal y el espiritual, utilizado por la tradición local como piedra de los deseos.

VISITA

© ALAMER – ICONOTEC

Cruz celta de Xie.

© NIALL F – SHUTTERSTOCK.COM

Carrick on Shannon.

Drumcliff

La tumba de W. B. Yeats se encuentra en Drumcliff, cerca de una austera iglesia protestante del siglo XIX. Yeats murió en 1939 y fue enterrado en Roquebrune, en el sur de Francia, donde se encontraba al final de su vida. Sus restos fueron traídos de vuelta a Sligo en 1948 para ser enterrados en el lugar deseado por el poeta.

San Columba fundó también un monasterio en esta localidad en el 575. Todavía se pueden ver los restos de una torre redonda y una cruz del siglo X. Adosada a la muralla, esta cruz se alza en el antiguo cementerio. En su lado más interesante, presenta una notable representación de Adán y Eva: las raíces del árbol del conocimiento parten de un motivo entrelazado y terminan en espirales que representan el follaje. Entre las dos líneas que indican el tronco, se extiende la serpiente, que también parte del entrelazado. Encima, una representación de Daniel y el León, y un Cristo en gloria bastante descolorido. Al otro lado, una Crucifixión difícil de identificar.

Carrick on Shannon

La capital del condado de Leitrim es un encantador puerto fluvial a orillas del río Shannon. Aquí puede alquilar un barco o participar en un crucero por el estuario para descubrir la campiña de los alrededores.

Strandhill

A solo 8 km al oeste de Sligo, la hermosa playa de Strandhill es la meca de los surfistas. Strandhill es también el punto de la costa oeste más cercano a Dublín y tiene casi todo lo que un tranquilo pueblo costero puede soñar: golf, surf, windsurf, kayak de mar, paseos por la playa, grandes dunas de arena y bosques, un centro de equitación, etcétera.

◼ CONDADO DE DONEGAL ◼

Donegal ⭐

Situada en la Wild Atlantic Way, esta pequeña y encantadora ciudad se organiza alrededor de su plaza, antiguamente trazada por los ingleses. No tiene nada de especial (aparte del castillo), se trata solo de una parada agradable para conocer y sobre todo para descubrir la región circundante.

Rossnowlagh ⭐

Es una playa inmensa (pero inmensa de verdad) y unas cuantas casitas, entre las que se encuentra una escuela de surf y un bonito hotel. A principios de los años 1990, se celebró aquí un campeonato mundial de surf.

Bundoran ⭐

Bundoran es una localidad costera cercana al condado de Sligo, especialmente apreciada por los surfistas. Es uno de los mejores *spots* de Irlanda para practicar este deporte.

Glencolumcille

Antes de llegar al pueblo de Glencolmcille, se puede observar a la derecha una hermosa piedra en pie que, anclada a su vez a una roca, presenta en una superficie rectangular unas cruces talladas con diseños geométricos. Hay muchas diseminadas por los alrededores, y son objeto de peregrinación el 9 de junio, el día de la festividad del patrón de la región, san

Malin Head, el punto más septentrional de Irlanda.

Columba, también conocido como san Colmcille o Columbcille, de quien se dice que fundó aquí un monasterio en el siglo VI; las ruinas de la iglesia de St Columbcille pueden verse a las afueras del pueblo. La región alrededor del pueblo ya estaba habitada hace 5000 años, como demuestra el gran número de monumentos megalíticos, especialmente los túmulos celtas y las piedras erguidas.

Carrick

En Carrick, un breve desvío le llevará hasta el final de los Slieve League Cliffs (*Sliabh Liag* en gaélico), uno de los acantilados más altos de Europa (606 metros). ¡Magnífico paisaje a la vista!

Letterkenny

Es la ciudad más grande de Donegal, construida alrededor de una arteria principal muy animada, la inevitable Main Street, llena de tiendas y pubs. En pocas palabras, se trata de una base excelente para visitar el norte del condado.

Dungloe

Es la ciudad más importante de Rosses, una región donde predomina el gaélico.

De hecho, las señales y muchos de los rótulos ya no son bilingües. El encanto de esta rareza es aún mayor porque los caracteres gaélicos tienen una escritura muy elegante. En cierto modo, Dungloe, en el centro de la región de Rosses, es una ciudad un poco apartada.

Derrybeg

Se trata de un pueblo pequeño (básicamente, solo una calle) en la costa oeste de Donegal, con una preciosa playa con puestas de sol idílicas. También es un muy buen punto de partida para aquellos que quieran pasear por las montañas Sperrin. Atención: en los paneles, como se halla en pleno Gaeltacht, Derrybeg está escrito como *Doirí Beaga*.

Fanad Head

En Ramelton, localidad fundada a principios del siglo XVII, podrá admirar las hermosas casas georgianas.
En Rathmullan, puede visitar el priorato fundado en el siglo XVI por los MacSweeneys. Frente a la bahía, en el silencio del pequeño cementerio, las nobles ruinas del priorato hablan de las monjas carmelitas.

■ PENÍNSULA DE INISHOWEN ■

Buncrana

Es la ciudad más grande de la península, con un paisaje civilizado y costero: frente al mar, una larga calle principal repleta de pubs y tiendas, y la máxima diversión durante el festival de música que se celebra cada año a finales de julio.

Malin

Malin no es más que unas cuantas tiendas alrededor de una gran plaza de césped. Aunque también es una base excelente para quienes deseen ver el punto más septentrional de Irlanda, Malin Head.

BELFAST

Belfast

Belfast, la capital de Irlanda del Norte, se desarrolló muy rápidamente en los siglos XVIII y XIX como resultado del crecimiento de las industrias del lino, el tabaco y la construcción naval. Durante la Revolución Industrial, su población se duplicaba cada diez años. La reina Victoria visitó Belfast en 1849, dejando su huella en toda la ciudad (estatuas, nombres de calles, edificios, etc.). Fue con la partición de Irlanda en 1921 que Belfast adquirió su estatus de capital de Irlanda del Norte. Después de la Segunda Guerra Mundial, comenzó su período de decadencia industrial. Por supuesto, no se puede ignorar el terrible período de violencia política en las décadas de 1970, 1980 y 1990. Sin embargo, las cosas han mejorado considerablemente desde el alto del fuego. Hoy en día, Belfast parece más dinámica que nunca y cada año se abren nuevos bares, restaurantes y museos.

■ CASTILLO DE BELFAST ★★
Antrim Road
✆ +44 28 9077 6925
www.belfastcastle.co.uk
bcr@belfastcastle.co.uk
A unos 5 km al norte del centro de la ciudad. Se puede llegar en el autobús Translink n.º1 desde Upper Queen Street, parada: Strathmore Park.

El castillo de Belfast, situado bajo Cave Hill (la «colina de las cuevas»), fue construido en 1870 por el tercer marqués de Donegall al estilo de las casas de los barones escoceses. Ofrece una espléndida vista de la ciudad y del lago de Belfast desde su altura (100 m sobre el nivel del mar). Posteriormente, la familia Shaftesburye, gracias a un matrimonio, heredó el lugar, que fue donado a la ciudad en 1934. Es de estilo renacentista italiano y tiene una magnífica escalera de caracol exterior a la que ahora acuden los recién casados para hacerse fotos.

■ BOTANIC GARDENS
College Park
Botanic Avenue
✆ +44 28 9031 4762
www.belfastcity.gov.uk
generalenquiries@belfastcity.gov.uk
Los jardines botánicos de Belfast son una institución y existen desde 1828. Son el resultado de la pasión victoriana por la horticultura y, en particular, por las plantas exóticas, con grandes parterres de hierbas verdes ideales para las familias y los estudiantes que las visitan regularmente. Podrá ver grandes árboles majestuosos, un laberinto de rosas, zonas ajardinadas para pasear disfrutando de la naturaleza… También organizan conciertos al aire libre. Además, se puede visitar

la Palm House, construida en 1839 por Charles Lanyon y Richard Turner, una obra audaz para su época. Se trata de un imponente invernadero de hierro fundido y cristal con un magnífico techo de cristal abovedado bajo el que viven plantas tropicales. Tiene un encantador aire de antaño, y en su interior las plantas brillan en un desorden agradablemente organizado. También puede venir a ver el Tropical Ravine, un invernadero más pequeño de diseño sencillo, que conserva cuidadosamente una colección de variedades antiguas de plantas (lirios, orquídeas, plátanos, etc.), que puede observar desde una pasarela elevada. El Tropical Ravine ha sido recientemente restaurado por completo y ofrece nuevos paneles educativos sobre flores y frutas, ideales para los niños. Un paseo por los jardines botánicos es una visita obligada en Belfast, pues podrá pasar un rato maravilloso entre las plantas. En primavera, los tulipanes están en plena floración, coloreando los parterres de la forma más hermosa.

■ **CITY HALL**
Donegall Square
℡ +44 28 9032 0202
www.belfastcity.gov.uk
generalenquiries@belfastcity.gov.uk
El City Hall es el ayuntamiento de la capital de Irlanda del Norte, y es sin duda el edificio más famoso de Belfast. Es un magnífico edificio eduardiano, terminado en 1906, que se erigió para establecer la grandeza de la ciudad, con una cúpula de 53 m. El edificio de piedra blanca de Portland, de inspiración renacentista, tiene figuras sobre la puerta que celebran el comercio y las artes de la ciudad. El vestíbulo está pavimentado con mármol y la cúpula del interior está pintada al estilo de la catedral de San Pablo de Londres.

■ **CRUMLIN ROAD GAOL**
53-55 Crumlin Road
℡ +44 28 9074 1500
crumlinroadgaol.com
info@crumlinroadgaol.com
A 20 minutos a pie al norte del City Hall. Al norte de Belfast, la famosa Crumlin Road Gaol es también conocida como HMP Belfast («Her Majesty's Prisons Belfast»). La prisión fue construida entre 1843 y 1845 por el famoso arquitecto e ingeniero inglés Charles Lanyon (1813-1889), cerca del palacio de justicia y conectada a este por un túnel. Sus puertas se volvieron a abrir en 2012, pero esta vez para los visitantes, quienes pueden compartir una visión real de esta importante prisión en la historia de Irlanda del Norte.
Se calcula que 25 000 presos, entre ellos presos políticos y miembros del IRA durante los disturbios (*Troubles),* estuvieron aquí entre 1845 y marzo de 1998, cuando se cerró la prisión. El acuerdo de paz de 1998 permitió la liberación de los presos políticos. Varios dirigentes de Irlanda del Norte pasaron por aquí. La cárcel de Crumlin Road es hoy un lugar de memoria de los enfrentamientos políticos que ensangrentaron el Úlster y un auténtico museo de la vida carcelaria, con celdas reconstruidas, maniquíes de presos, colecciones de grilletes y llaves, *mug shots* (fotografías antropométricas) de los presos… Ahora se organizan visitas guiadas para conocer la historia del lugar. Estas incluyen la terrible cámara de ejecución de la prisión. ¡Escalofriante! Tenga en cuenta que es mejor reservar una visita guiada para asegurarse una plaza.

© DIGNITY 100 - SHUTTERSTOCK.COM

Crumlin Road Gaol.

■ MURALS & PEACE WALLS ⭐⭐

Falls Road & Shankill Road

Los distritos occidentales de Belfast se vieron muy afectados por los *Troubles,* y las cicatrices siguen ahí para atestiguarlo. Hay muchos murales que homenajean a las unidades combatientes (IRA para los republicanos, UVF/UDA para los unionistas) y glorifican a las grandes figuras políticas. Hay un gran número de ellos en las zonas de Falls Road (católico) y Shankill Road (protestante), que están separadas por un enorme muro *peace line* a lo largo de Cupar Way, para limitar los contactos entre las comunidades. Hay puntos de paso a lo largo de todo el camino y las puertas pueden ser cerradas por las autoridades si es necesario. Este tipo de conexión está muy presente en la periferia de Belfast, pero este en particular es el ejemplo más llamativo.

Otro muro especialmente impresionante se encuentra en el este de Belfast, y separa el barrio católico de Short Strand de las amplias zonas protestantes de esta parte de la ciudad. El minúsculo callejón sin salida unionista de Cluan Place está triste y literalmente amurallado para evitar que sus habitantes entren en contacto con los republicanos. La mejor manera de descubrir este patrimonio político, a veces violento y a veces pacífico y a veces progresista, es alquilar uno de los famosos *black cabs* para una visita guiada. Pero si decide ir a pie, lo más fácil es partir del centro de la ciudad y dirigirse primero por Falls Road, la arteria republicana. La Divis Tower marca la entrada al barrio. Esta zona de reclutamiento de la resistencia republicana estuvo especialmente vigilada por las tropas británicas, hasta el punto de que la cima de la *Divis Tower* fue coronada por un puesto de observación militar en la década de 1970. En el momento más álgido del conflicto, solo se podía acceder a ella en helicóptero…

Más adelante, los murales entre Percy Street y Northumberland Street son de gran calidad. Siguiendo, se pasa por el *Garden of Remembrance,* en honor a los voluntarios del IRA y, en la esquina de Sevastopol Street, se pueden ver las pinturas de los huelguistas de hambre en la biblioteca de Falls Road, así como un enorme retrato del emblemático Bobby Sands en el edificio del partido Sinn Féin. Al girar en Clonard Street, se llega al monasterio de Clonard y luego a otro monumento en honor a los muertos de los *Troubles* en Bombay Street.

Para cambiar completamente de ambiente, tendrá que ir a la zona protestante de Shankill Road. Aquí ya no hay banderas irlandesas, sino Union Jacks y estandartes de grupos armados como la UVF. Al subir por Shankill Road, verá muchos murales en homenaje a las facciones paramilitares unionistas. Conmemoran sus batallas, pero también sus muertes. En la esquina de Crimea Road, una fachada cubierta de retratos de la reina resulta casi refrescante en comparación con las numerosas imágenes de soldados y pistoleros de las demás fachadas. En el cruce de Argyle Street, un monumento recuerda a las víctimas de un atentado del IRA. Volviendo a bajar por Northumberland Street hacia Falls Road, se pasa por las puertas y la muralla de nuevo, con muchos murales de ambos lados. De este modo, es fácil llegar al centro de la ciudad. Irlanda del Norte se presenta ahora como un espacio creativo al aire libre. Desde los años 1960 y el nacimiento de este modo de expresión, se han registrado cerca de 2000 murales en Belfast y Derry.

■ QUEEN'S UNIVERSITY

University Road
℡ +44 28 9024 5133
www.qub.ac.uk

La famosa universidad de la ciudad es un hermoso edificio de ladrillo rojo oscuro y arenisca amarilla, con un claustro neomedieval inspirado en el estilo Tudor. Construido en 1849, es uno de los colegios más prestigiosos de Gran Bretaña. El Queen's Welcome Centre es una tienda de regalos y un centro de información turística con amplia información sobre Belfast e Irlanda del Norte. Es posible entrar en el Lanyon Building para ver el Great Hall y la Naughton Gallery, y pasear por los jardines del otro lado.

■ ST ANNE'S CATHEDRAL ⭐⭐⭐

Lower Donegall Street
Cathedral Quarter
℡ +44 28 9032 8332
www.belfastcathedral.org

La actual catedral anglicana sustituyó al antiguo edificio, que databa de 1776 y fue destruido. La reconstrucción se llevó a cabo en varias etapas, desde 1899 hasta 2007, cuando se añadió una aguja de acero inoxidable a la torre. Mientras tanto, se incorporó una cruz celta (la más grande de Irlanda) al frontón, dedicada a las víctimas de la Primera Guerra Mundial. Este es también

© HAOLIANG - ISTOCKPHOTO.COM

Fachada de la Queen's University de Belfast.

el lugar en el que está enterrado el unionista Edward Carson (1854-1935), uno de los que trabajaron por la paz. El monumento está en el corazón del Cathedral Quarter y le dio su nombre.

■ ST MALACHY'S CHURCH ★★
24 Alfred Street
℃ +44 28 9032 1713
www.saintmalachysparish.com
stmalachys@downandconnor.org
Después de Saint Mary's Church y Saint Patrick's Church, Saint Malachy es la tercera iglesia más antigua de Belfast. Construida en 1844, se considera un ejemplo del nuevo estilo Tudor en Irlanda. De aspecto *romántico* por dentro y por fuera, contrasta con la severidad gris de las otras iglesias. Lo más visitado es su techo de estuco moldeado, inspirado en la capilla de Enrique VII de la catedral de Westminster. Los rosetones de estalactitas blancas dan al techo un relieve excepcional.

■ TITANIC BELFAST ★★
1 Olympic Way
Queen's Road
℃ +44 28 9076 6386
www.titanicbelfast.com
welcome@titanicbelfast.com
Esta es sin duda la visita más importante de la capital. Situada junto al famoso astillero Harland and Wolff, esta atracción cuenta la historia del *Titanic* en la ciudad donde nació. El edificio en sí mismo merece una visita con su fachada de aluminio ondulada y luminosa, que recuerda a la Elbphilharmonie de Hamburgo, al museo de las Confluencias de Lyon o a la Fundación Vuitton de París. Su seductora forma angular evoca la proa de un barco. El museo es casi tan emblemático como el *Titanic*, cuya

historia cuenta (¡se vertieron 4200 m³ de hormigón en 24 horas para asegurar sus cimientos!) Para que conste, el Titanic Belfast puede acoger a 3547 visitantes a la vez, la misma capacidad que el *Titanic* original, y sus fachadas miden 27 metros, ¡la misma altura que el *Titanic* desde la quilla hasta la cubierta! El propio James Cameron lo calificó de «fenomenal». Si solo conoce el *Titanic* por la película de James Cameron, esta visita es imprescindible para ir más allá de los tópicos, alejarse del romanticismo y adentrarse en la realidad concreta de este mítico barco. A lo largo de las nueve galerías repartidas en seis plantas, transcurre el pasado del coloso, su astillero, sus trabajadores, sus retos y su trágico hundimiento. El museo se inauguró en marzo de 2012, en el centenario de la tragedia, que tuvo lugar en 1912. Desde entonces, se ha convertido en una visita ineludible para todos los visitantes, pero también para los lugareños, que han recuperado su pasado y su patrimonio. La visita es divertida y emocionante, con vídeos en 3D, documentales, maquetas a tamaño real, objetos raros encontrados tras el naufragio, reconstrucción de los camarotes según las diferentes clases, etc. Una experiencia que revive el *Titanic* y que fascinará tanto a los amantes de la historia como a los simples curiosos. El museo está realmente diseñado para ofrecer una experiencia inmersiva e interactiva a los espectadores, que ocupan el lugar de los trabajadores, los pasajeros y la tripulación del famoso transatlántico. Cuando la visita habla de las grúas de los astilleros y de la altura a la que trabajaban los hombres, de repente se encuentra en la cuarta planta, con vistas al resto del museo y escuchando los sonidos del astillero. Cuando se abren

VISITA

las puertas del ascensor, descubrimos esta frase: «Let's go to work!». El museo adquiere a veces un aire de parque de atracciones con, entre otras cosas, el Shipyard Ride, un tren que nos lleva, en medio de la visita, con los trabajadores al astillero. El *Titanic* no es solo una historia de amor, y la fuerza de este museo consiste en recordárnoslo. El *Titanic* es sobre todo la historia de miles de trabajadores, de toda una ciudad que lo dio todo para construirlo y que lo apostó todo a su fabricación. Las emociones son fuertes porque entendemos que todo este trabajo, toda esta genialidad, todos estos esfuerzos terminaron en el fondo del agua. Comprendemos la esperanza y el orgullo destrozados de Belfast. La sala del hundimiento es especialmente conmovedora con los mensajes de socorro enviados por el *Titanic* y reproducidos hora a hora en las paredes de la sala. Reina el silencio. En la última parte de la exposición, usted ocupa su lugar en un enorme anfiteatro y se sumerge en el océano en busca de los restos del *Titanic,* que poco a poco se van descubriendo bajo el agua. ¡Fascinante!

■ **ULSTER MUSEUM** ★★
Botanic Gardens, Stranmillis Road
✆ +44 28 9044 0000
www.nmni.com; info@nmni.com
Autobús 8 desde el centro de la ciudad.
En el corazón del jardín botánico, el Ulster Museum es un magnífico museo que no debe perderse. Aunque caminar por é es un poco como tratar de encontrar el camino a través de un laberinto, es una gran oportunidad para sumergirse en el pasado de Irlanda del Norte, en toda su extraordinaria diversidad y riqueza. Las pasarelas de cristal y acero permiten a los visitantes desplazarse por el atrio central

y ver algunas de las exposiciones, así como el museo desde distintos ángulos y dimensiones según la ubicación y la planta en la que se encuentren. Las colecciones incluyen piezas arqueológicas desde la Edad de Piedra hasta la Baja Edad Media, pinturas irlandesas de los siglos XVII al XX, una galería de historia natural con muchos animales disecados, objetos de las culturas del mundo, etc. El fósil del dinosaurio Edmontosaurus es sin duda una obra maestra; la momia de la princesa Takabuti de Tebas (la primera momia expuesta al público fuera de Egipto en 1835), de 2500 años de antigüedad, es también una visita obligada y se enmarca en el tema de la vida y la muerte en el antiguo Egipto. La sección sobre los *Troubles* (disturbios) fascinará a cualquiera que quiera saber más sobre este terrible período. También evitará que cometa el más mínimo error al hablar del tema durante su estancia. Los paneles de «stop and think» están muy bien colocados y permiten plantear preguntas y lanzar debates. Esta parte está organizada por orden cronológico y ofrece una nueva visión del conflicto, diferente de la transmitida por los medios de comunicación.
El Ulster Museum es un museo vivo e interactivo, lleno de recreaciones y vídeos, y con muchas escenografías dinámicas. Todo el mundo puede encontrar un interés, un tema que le fascine, ya sea la historia, el arte o la ciencia, y uno puede pasar fácilmente varias horas allí. Se puede pasar de una época, campo y siglo a otro, como un viaje en el tiempo. Todo lo relacionado con Irlanda del Norte está reunido en un solo lugar y los puentes entre los temas son especialmente agradables. Tras conocer la historia del país en las

primeras plantas, descubrimos Irlanda del Norte y sus acontecimientos significativos en la pintura a través de los cuadros de grandes maestros del país. Es un museo ideal para visitar con niños, ya que cada parte tiene una sala especialmente diseñada para que puedan manipular objetos, experimentar y divertirse.

 WAR MEMORIAL MUSEUM
⭐⭐⭐
21 Talbot Street
✆ +44 28 9032 0392
www.niwarmemorial.org

info@niwarmemorial.org

Situado junto a la catedral, este pequeño museo conmemora el papel de las ciudades de Belfast y Derry en la Primera y Segunda Guerra Mundial. Hay imágenes de archivo para ver en pantallas, siguiendo un índice interactivo que las clasifica por temas. También hay una amplia sección dedicada al ejército estadounidense que acudió en ayuda de los irlandeses. No dude en hablar con el personal del museo, que estará encantado de explicárselo. Aquí también se celebran eventos regularmente.

VISITA

CONDADO DE ANTRIM

Glens of Antrim ⭐⭐

Al noroeste de Larne se encuentran los desfiladeros de Antrim. Los desfliaderos se llaman, del sur al norte: Glenarm, Glencloy, Glenariff, Glenballyeamon, Glenaan, Glencorp, Glendun, Glenshesk y Glentaisie. La cañada más popular es Glenariff, con sus maravillosas cascadas perdidas en el fondo de los bosques que, en primavera y principios del verano, están sembradas de flores multicolores. El pequeño pueblo al pie de Glenariff acoge el Feis nan Gleann, uno de los festivales más animados de la Feiseanna, que se celebran en verano en toda Irlanda del Norte.

Ballycastle ⭐

Ballycastle es un pintoresco remanso de paz rodeado de bellos acantilados y agradables playas. Al este, la abrumadora sombra de Fair Head ofrece hermosas vistas panorámicas y el mar

lleva con orgullo la isla de Rathlin y la costa escocesa en la distancia.

Isla de Rathlin ⭐⭐

Desde que su población ha caído en picado (apenas 150 habitantes), sus acantilados se han convertido en un santuario de aves, sobre todo en primavera y verano, con araos, gaviotas, alcas, frailecillos y muchos otros. En sus aguas también habitan cientos de focas, y la isla alberga monumentos de la Edad de Piedra y de la era cristiana.

Ballintoy ⭐⭐

160 habitantes. Ballintoy es una pequeña localidad dividida en dos partes: el pueblo, en la carretera principal, y el pequeño puerto, en la costa. Como muchos otros lugares de la región, se hizo famoso por la serie *Juego de tronos* y fue uno de los lugares de filmación de las Iron Islands (islas del Hierro). La costa

La bahía de Portballine.

es hermosa y alcanza su punto álgido en el legendario puente Carrick-a-Rede Rope Bridge, una de las atracciones más importantes de Irlanda del Norte.

■ **CARRICK-A-REDE ROPE BRIDGE**
119a Whitepark Road
✆ +44 28 2076 9839
www.nationaltrust.org.uk
carrickarede@nationaltrust.org.uk
El puente de Carrick-a-Rede es uno de los puntos de referencia de Irlanda del Norte y una excelente manera de ver la hermosa costa de la región. Con una longitud de 20 metros y una altura de 30 metros sobre el mar, este puente de tablones y cuerdas trenzadas une la costa con un pequeño islote donde los amantes de las aves pueden maravillarse con la belleza de la zona. El puente fue construido por los pescadores de salmón en 1755, que tendían sus redes aquí cuando el salmón emigraba al oeste hacia sus ríos natales.

La caminata desde la entrada al sitio hasta el *rope bridge* es de aproximadamente 1 km. El camino no es demasiado difícil y hay algunos bancos, lo que lo convierte en una atracción accesible. Sin embargo, tendrá que subir escaleras en varias ocasiones, así que evite llevar cochecito, si es posible. La vista es quizás una de las más bellas y raras de Irlanda del Norte. Los acantilados caen en picado hacia el mar, que aquí y allá da paso a una diminuta playa de arena clara de pocos metros cuadrados. El agua es de una claridad que recuerda a los trópicos más lejanos y no deja de sorprender. Si el tiempo es bueno, también hay una hermosa vista de la isla de Rathlin y de la costa escocesa. Atención, el sitio es víctima de su propio éxito y es posible que las entradas se haya agotado para cuando llegue. Así que recuerde obtener sus entradas en línea con antelación.

Bushmills

Un pueblo agradable, típico de la vida de los pueblos del siglo XIX, a orillas del río Bush, con molinos, prioratos y una industria local construida en torno a la producción de whisky. El destino es popular por su proximidad a la Giant's Causeway y al castillo de Dunluce, por su restaurante famoso en Irlanda (el Bushmills Inn) y su producción de whisky. Los edificios antiguos están muy bien restaurados y es divertido recorrer las pocas calles en busca de reliquias típicas.

■ CASTILLO DE DUNLUCE

87 Dunluce Road
℃ +44 28 2073 1938
scmenquiries@communities-ni.gov.uk
Al oeste de Bushmills, en la A-2.
Propiedad de la familia MacDonnell en los siglos XVI y XVII, el castillo de Dunluce lleva grabando una página de la historia en este afloramiento rocoso desde 1639. Para los aficionados al cine, el Dunluce Castle fue el escenario de rodaje de *Juego de tronos* y de la película *Las crónicas de Narnia*. En un día claro, incluso se puede ver Escocia al otro lado del mar. Cada una de las estancias de este singular castillo tiene su propia identidad y, a través de sus piedras desgastadas como encajes, ofrecen vistas al mar.

■ OLD BUSHMILLS DISTILLERY

Distillery Road
℃ +44 28 2073 3218
www.bushmills.com
distillery.tours@bushmills.com
Old Bushmills es la cuna del whisky irlandés puro de malta, que disfrutan los entendidos de todo el mundo, y es también la destilería oficial más antigua del mundo (1608). La visita guiada incluye un paseo por las instalaciones siguiendo las etapas de producción: elaboración, fermentación, destilación, envejecimiento, ensamblaje y embotellado. La visita termina con una degustación. Al final del recorrido, hay un bar/cafetería donde almorzar (o donde seguir degustando todo tipo de whiskys Bushmills…), así como una tienda de recuerdos bien surtida.

Portrush

Es un destino turístico muy popular para las familias, con lugares de interés para los niños, pero que atrae también a los surfistas y a los golfistas, de ahí una mezcla interesante. Esta pequeña localidad tiene el aspecto de una ciudad

Surfer en la playa de Whiterocks.

VISITA

© COURTESY OF TOURISM NI

de vacaciones de principios del siglo pasado, con juegos, helados, camiones de hamburguesas, puestos de dulces y patatas fritas, coloridas fachadas de tiendas, atracciones turísticas…

Giant's Causeway ★★★★

Este pequeño tramo de costa entre Ballintoy y Bushmills es uno de los más asombrosos de la Tierra. Playas, acantilados y calas se suceden en un magnífico *ballet* natural y sobrenatural a la vez, hasta llegar a la Calzada del Gigante (Giant's Causeway), un lugar tan místico como sobrecogedor que hizo mundialmente famosa a Irlanda del Norte mucho antes de la llegada de *Juego de tronos*. Es una visita obligada si viaja a Irlanda, tanto si desea pasar unas horas recorriendo las columnas de basalto como si prefiere dedicar más tiempo a descubrir la costa y sus secretos a pie.

■ GIANT'S CAUSEWAY ★★★

B-147 Causeway Road
℃ +44 28 2073 1855
www.nationaltrust.org.uk
giantscausewaytic@nationaltrust.org.uk
Servicio de autobús *Park and Ride* desde el pueblo de Bushmills.
Declarada Patrimonio de la Humanidad por la Unesco, la Giant's Causeway es el monumento natural más conocido de Irlanda del Norte y una de las atracciones turísticas más populares de la isla. Es una maravilla natural de fama mundial, que aparece en la portada de muchas guías de la región y que no le decepcionará. Llegue pronto para evitar las multitudes.

▶ **La leyenda:** «Cuando el mundo fue creado y modelado a partir de una masa sin forma, esto es lo que quedó de él: restos del caos». Estas son palabras del novelista William Thackeray. Para los primeros irlandeses, esta brujería solo tenía una explicación: era obra de un gigante, Finn McCool, comandante de los ejércitos del rey de Irlanda. Finn era un hombre muy poderoso, capaz de increíbles proezas de fuerza. Su mayor rival era el gigante escocés Benandonner. Para luchar contra él, Finn le invitó y construyó un camino para que su enemigo no pudiera evitar el combate. Pero cuando Benandonner llegó, el irlandés se dio cuenta de que era mucho más grande y fuerte que él. Pidió consejo a su mujer. Ella lo disfrazó de bebé y, cuando Benandonner entró, vio al enorme niño e imaginó el tamaño de su padre. Se asustó y corrió de vuelta a Escocia, destrozando el pavimento tras de sí…

▶ **El lugar** es una espectacular alteración de la costa tras una erupción de basalto hace varios millones de años, ahora congelada en 40 000 columnas. Es imposible no maravillarse ante el entrelazamiento de piedras negras como la lava y ocres como losas toscanas, que se extienden sobre el mar. A la vez se encuentran unos escalones teñidos de óxido, tronos coronados de sal y columnas jaspeadas por las fuerzas del mar, todo tallado y ajustado por un maestro topógrafo cuya esencia no es humana. Es difícil no extasiarse ante estos lugares de otro mundo y los vertiginosos acantilados que los rodean. Uno se siente tan pequeño ante esta extraña e impresionante maravilla natural.

▶ **Consejos para la visita:** en temporada alta, el lugar está muy concurrido, así que evítelo entre las 11 y las 15 h. La entrada incluye el aparcamiento, una audioguía y el acceso al centro de visitantes, donde podrá aprender más sobre la historia del lugar y del fenómeno. Si la entrada le parece un poco cara y no piensa quedarse mucho tiempo, aparque más arriba o más abajo en la carretera y vuelva andando por el centro de visitantes hasta el lado del Causeway Hotel, el acceso peatonal al propio yacimiento es gratuito. Otra opción es seguir la ruta de senderismo Causeway Path, que recorre toda la costa de la zona y se tarda entre dos y tres días en realizar. Por supuesto, tendrá que caminar sobre las columnas de basalto, divertirse escalándolas y disfrutar de este lugar único y mágico. Pero si realmente quiere comprender la magnitud del área, tome el sendero elevado que bordea los acantilados, justo por encima de la Calzada de los Gigantes, y se hará una idea real de la extraordinaria naturaleza del fenómeno.

▶ **Visitor Centre**: el centro de visitantes de la Calzada de los Gigantes es ultramoderno y respetuoso con el medio ambiente. Con paredes de cristal, columnas de basalto, un interior de última generación y un tejado verde que ofrece vistas de 360 grados de la costa, es una visita obligada. Un autobús lanzadera puede llevarle del Visitor Centre a la Calzada de los Gigantes, pero le recomendamos caminar.

VISITA

CONDADOS DE DOWN Y ARMAGH

Greyabbey

Greyabbey (940 habitantes) debe su nombre a la abadía cisterciense erigida en 1193 en la parte este del pueblo. Fue Affreca, la esposa de John de Courcy, quien la hizo construir en agradecimiento por su supervivencia tras un paso en barco turbulento desde la isla de Man, de donde era originaria. El sitio es importante, ya que fue el primer edificio de estilo gótico en Úlster, con altas ventanas en ojiva.
Por lo demás, el interés principal de la ciudad reside en el Hoops Courtyard, cerca de la calle principal, que alberga varias tiendas de antigüedades.

Downpatrick

Al sur del Strangford Lough, Downpatrick es una agradable parada después de una visita de la península de los Ards. En el siglo XII, Downpatrick era un gran centro religioso y universitario. Muy cerca se encuentra Inch Abbey. Más allá de la ciudad se extiende una región repleta de recuerdos históricos y culturales. En el noroeste, la ciudad de Ballynahinch fue el escenario de una decisiva batalla en la rebelión de 1798, donde 7000 United Irishmen perdieron la vida. Al sur de Ballynahinch, en las laderas de la montaña de Cratlieve, se alza el dolmen de Legananny, una de las tumbas neolíticas más bellas de Irlanda.

Newcastle ⭐

Esta tranquila ciudad costera, situada a los pies de las montañas Mourne, es una de las favoritas de los amantes del senderismo. Los más valientes pueden incluso llegar a subir, en una tarde, Slieve Donard, la montaña más alta de esta cordillera, que tiene una altura de 852 m.

Dundrum

Dundrum es un pueblo encantador con vistas espectaculares a las montañas Mourne. Aquí podrá observar las ruinas de un castillo normando e impresionantes dunas en el litoral.

Armagh

Como capital espiritual de Irlanda y sede de los arzobispos católicos y protestantes, Armagh, digna y serena, es una ciudad rodeada de la mayor veneración.

Fue aquí donde san Patricio construyó su iglesia de piedra, en el mismo lugar donde hoy se alza la catedral anglicana. En la otra colina, la catedral católica apunta sus dos flechas hacia el cielo. Está flanqueada por dos enormes estatuas que representan a los arzobispos que vigilan la ciudad.

Para un pueblo pequeño, Armagh tiene un número excepcional de edificios importantes, tanto arquitectónica como históricamente. Muchos de ellos están agrupados alrededor de la catedral anglicana, o cerca del centro comercial, una elegante plaza con hermosas casas georgianas.

CONDADOS DE FERMANAGH Y TYRONE

Enniskillen

Los orígenes de Enniskillen se remontan a la prehistoria. La isla en la que se encuentra era entonces el principal enlace entre Úlster y la provincia de Connaught. En la Edad Media, fue la sede de los Maguire, líderes de los clanes de Fermanagh. Los Maguires aseguraron el orden en el lago Erne manteniendo una flota armada de 1500 barcos. Hoy en día, el castillo del clan en Enniskillen se ha transformado en un museo donde se pueden admirar las banderas y los trofeos traídos por los regimientos de Enniskillen. La ciudad también está vinculada a los nombres de Oscar Wilde y Samuel Beckett, que estudiaron allí en la Portora Royal. Enniskillen es famosa por sus encajes hechos a mano, sus típicos tejidos de lana irlandesa y su fina porcelana.

Belleek

Belleek es un pueblo encantador en el límite de la frontera con la República de Irlanda. Construido cerca del Lough Erne (lago Erne), se accede al pueblo por un puente que cruza el río Erne, que desemboca en el mar en Ballyshannon. La más destacado es su cerámica famosa en todo el mundo, y en junio, su famoso festival de música tradicional.

Upper Lough Erne

Entre las serpenteantes orillas del lago, cortadas en múltiples franjas, se esconden joyas de naturaleza virgen, castillos, cuevas y bodegas… Es

© NORTHERN IRELAND TOURIST BOARD

VISITA

Lower Lough Erne.

imposible descubrirlo todo, pues el sur de Enniskillen es muy rico, y las familias anglo-irlandesas del siglo XVIII no se equivocaron al construir aquí algunos de los castillos más majestuosos de Irlanda (Florence Court, Coole y Crom Castles).

Lower Lough Erne ⭐⭐

Lough Erne es el lago más espectacular de Irlanda del Norte, que se extiende sobre 80 km. Tiene forma de un reloj de arena, con un lago superior (Upper Lough Erne) y un lago inferior (Lower Lough Erne), unidos por un río, el Erne. Al nivel del cuello de botella se encuentra Enniskillen. Las islas del Lough Erne inferior albergan monumentos cristianos y paganos. Hay tres islas: Pase Ish Island, White Island y Boa Island.

Dungannon ⭐

Antaño, Dungannon era la capital de Úlster. La ciudad de Dungannon se alza sobre una antigua fortaleza de los O'Neill, los reyes de Tir-Owen, que

data del siglo XVI. Aún se pueden ver restos del casco antiguo, pero la parte más gloriosa que se conserva en buen estado, data del siglo XVIII (la Escuela Real, construida durante el reinado de James I, y la Market Square). La actual comisaría de policía es el edificio de arquitectura más extraña, con torres, torreones y murallas (se rumorea que se cometió un error con los planos de un fuerte en la India durante la ocupación inglesa). La calle principal y la plaza son agradables y animadas, y terminan con la subida a Castle Hill, detrás de la oficina de turismo. Desde allí arriba se dice que, en un día despejado, se pueden ver once condados de Irlanda.

Omagh ⭐

Omagh es tristemente célebre por el terrible atentado perpetrado por el IRA en 1998, que costó la vida a unas veinte personas e hirió a más de 200. Esta pequeña ciudad carece de interés turístico. Su mejor baza es que está cerca de las montañas Sperrin.

CONDADO DE DERRY

Derry

Derry tiene una larga y turbulenta historia. Encaramada en lo alto de una colina a orillas del estuario del río Foyle y estratégicamente situada cerca del mar, Derry ha sido asediada y atacada durante más de mil años. La historia comienza con san Columba, que huyó del condado de Donegal para escapar de la peste que azotaba la región, y en el 546 fundó su primer monasterio en el robledal (*doire* en gaélico, de ahí el nombre de Derry) que le había regalado su primo. Durante la Edad Media, la ciudad escapó a las incursiones vikingas y prosperó hacia los siglos XII y XIII. Tras la destrucción total de Derry en 1608 en un incendio provocado por Sir Cahir O'Doherty, en rebelión contra la presencia inglesa, se construyó una nueva ciudad fortificada entre 1613 y 1618. Fue rebautizada con el nombre de Londonderry en agradecimiento a la Corporación de Londres, que contribuyó económicamente a la construcción de las murallas. Uno de los episodios más famosos de su historia fue el asedio de 1688-1689, el más largo de la historia británica (105 días), cuando unos jóvenes aprendices cerraron las puertas de la ciudad a una guarnición dirigida por el rey Jacobo I de Inglaterra. Al final del asedio, una cuarta parte de la población había muerto de hambre o enfermedad. Este traumático acontecimiento dañó gravemente las relaciones entre las comunidades católica y protestante de la ciudad. El barrio de Bogside se levantó a los pies del casco antiguo porque los católicos tenían prohibido vivir dentro de las murallas.

■ BOGSIDE

Barrio al oeste de la ciudad.
Bogside («el lado del pantano») es el barrio católico de la ciudad de Derry, situado al oeste de la ciudad amurallada. Creció en el siglo XIX y fue el hogar de los trabajadores católicos de la ciudad. Con el paso de los años, se empobreció y pobló, convirtiéndose en un auténtico gueto. En agosto de 1969, la batalla de Bogside duró tres días y enfrentó a los vecinos con la policía. La violencia de los disturbios fue impresionante. Tras este dramático episodio, se levantaron barricadas aquí y en los barrios católicos vecinos. Militantes del IRA patrullaban las calles y pronto fue imposible que entrara la policía. Sus habitantes la bautizaron como «*Free Derry*» y se declararon independientes de las autoridades civiles.

En 1972 se produjeron en esta zona los trágicos sucesos del *Bloody Sunday*. El 30 de enero de 1972, trece católicos perdieron la vida cuando las tropas británicas abrieron fuego contra manifestantes desarmados, convirtiendo el conflicto en un drama internacional. Hoy, Bogside ha sido completamente renovado, pero sigue siendo un lugar tocado por su trágica historia. Los viejos edificios han desaparecido y la población se ha reducido de más de 30 000 a 8000 habitantes. Los únicos recuerdos de una época pasada son los murales que rememoran la difícil historia política del país, incluido el famoso «*You are now entering Free Derry*» («Está entrando en el Derry libre»), así como las pinturas conmemorativas del *Bloody Sunday*.

© MARIE PONCHEL

VISITA

Pintura mural en Derry.

■ DERRY CITY WALLS ⭐
Centro de la ciudad.

Derry es la única ciudad totalmente fortificada de Irlanda. Construida entre 1613 y 1618, esta muralla, originalmente destinada a proteger a los colonos ingleses, es una de las que mejor se conserva de las islas Británicas. Las murallas, que siguen intactas hoy en día, miden 8 metros de altura y 5 metros de grosor, y rodean la ciudad a lo largo de nada menos que 1,5 km. Han resistido varios asedios, el más famoso de los cuales duró 105 días entre 1688 y 1689. En el siglo XVIII, las fortificaciones se transformaron en un paseo de moda, que sigue siendo popular entre los lugareños y los visitantes. Su visita a Derry puede comenzar con un paseo por las murallas, lo que le permite apreciar mejor la historia de la ciudad, con una hermosa vista, pero también ver las banderas irlandesas de los barrios católicos (Bogside) al oeste y las británicas de los barrios protestantes (Waterside) al este, al otro lado del río Foyle.

Se dice que esta primera ciudad de Irlanda que se construyó según un plano se inspiró en Vitry-le-François, diseñada en Francia en 1545. Desde entonces, ha conservado su trazado original, con las cuatro calles principales que irradian desde la plaza central, The Diamond, hasta las cuatro puertas antiguas (Shipquay, Ferryquay, Bishop y Butcher Gate). De acceso gratuito, es una forma estupenda de comenzar su visita a esta famosa ciudad norirlandesa.

■ MUSEUM OF FREE DERRY ⭐⭐
55 Glenfada Park
✆ +44 28 7136 0880
www.museumoffreederry.org
info@museumoffreederry.org

Inaugurado en 2007 por el Bloody Sunday Trust y ampliado en 2017, el museo se encuentra en *Free Derry,* un enclave nacionalista autodeclarado entre 1969 y 1972, en el históricamente cargado Bogside. Es una visita obligada para cualquiera que desee comprender y profundizar en la historia reciente de la ciudad y, por extensión, en la complicada historia de Irlanda del Norte. En él se trazan los antecedentes históricos y políticos de la zona y se pone en perspectiva el pasado de Derry y el reciente drama del Bloody Sunday de 1972.

El acontecimiento que desencadenó el incendio fue la conmemoración en 1969 del episodio de los Apprentice Boys, que se remonta al siglo XVII y que se refiere al asedio de la ciudad por parte de los protestantes contra la llegada de una guarnición militar católica. En un clima político ya tenso, el paso de la procesión cerca de Bogside fue visto como una provocación por sus habitantes. Las hostilidades comenzaron, en un ambiente de guerra de guerrillas y barricadas. Al día siguiente, se enviaron soldados británicos para vigilar la zona, lo que solo empeoró la situación. Esta no hizo más que agravarse, culminando unos años más tarde en la tragedia conocida como el Bloody Sunday. Una pieza especialmente llamativa en el museo es la película que

William McKinney realizó ese día desde el tejado de un edificio. Sorprendido con su cámara, fue asesinado en el acto. Un museo, como lugar de memoria, obviamente conmovedor, también duro, pero esencial para la comprensión del barrio, de la ciudad y del país. El Museum of Free Derry era realmente necesario para establecer el orden de los hechos y la verdad. El propósito profundo y conmovedor del museo es también el de promover el diálogo y educar al público para que estos hechos no vuelvan a repetirse y la verdad no sea nunca suprimida de esta manera. Los paneles con el final de la exposición sobre el papel de la prensa en el tratamiento del Bloody Sunday son escalofriantes e invitan a la reflexión. Debemos mirar más allá de las apariencias, mantener una mirada crítica y defender la justicia y la libertad por encima de todo. Este es el mensaje vital del museo. Para visitarlo mejor, puede descargar una aplicación y obtener explicaciones en el idioma deseado. Es un museo muy interactivo con vídeos de archivo y testimonios de audio de los supervivientes. No dude en hacer preguntas al personal del museo, la mayoría de los cuales han vivido estos acontecimientos y estarán encantados de explicárselos de la manera más precisa posible.

Castlerock

Una pequeña localidad de vacaciones a solo 3 km del pueblo de Downhill. El entorno natural, entre playas y colinas, acantilados y jardines, ofrece vistas y extensiones extraordinarias, libres del turismo y el hormigón.

© JULIETTE MANTELET

Derry.

INFO PRÁCTICA

Calle de Kinsale.
© Canoly – iStockphoto

INFO PRÁCTICA

Dinero

▶ **Moneda.** La moneda de la República de Irlanda es el euro (€), mientras que en Irlanda del Norte es la libra esterlina (GBP o £).

▶ **Tasa de cambio.** En Irlanda del Norte, la tasa de cambio en el momento en que se redactó esta guía es de 1 libra esterlina = 0,83 euros y 1 euro = 1,20 libras esterlinas (febrero de 2025).

▶ **Coste de la vida.** La vida es cara en la República de Irlanda. Los precios son similares en Irlanda del Norte (aunque el alojamiento es ligeramente más barato).

▶ **Regatear.** En general, el regateo está mal visto y, en cualquier caso, en los mercados enseguida le ofrecerán ofertas con una sonrisa.

▶ **Propinas.** En Irlanda, no hay normas escritas sobre las propinas, pero siempre son bienvenidas en pubs, restaurantes y taxis.

Equipaje

▶ **Tanto en verano como en invierno,** asegúrese de llevar un paraguas y un impermeable, ya que la lluvia es habitual durante todo el año. En verano, no olvide la crema solar, una gorra y unas gafas de sol. Las temperaturas son bastante altas. Es aconsejable llevar ropa ligera e informal durante el día para ir en bicicleta. Por la noche, un jersey ligero no es mala idea.

▶ **En invierno,** lleve un jersey grueso de lana y ropa de abrigo. Si viaja en primavera u otoño, el clima es bastante suave. Llévese un buen calzado de senderismo para poder disfrutar al máximo de los paisajes y lugares, a menudo accesibles a pie. En cualquier caso, asegúrese de llevar ropa para un clima más bien impredecible.

Electricidad

Los irlandeses utilizan los mismos enchufes que los ingleses. Encontrará adaptadores en los aeropuertos y en supermercados como Spar o Centra.

Formalidades

Como la República de Irlanda forma parte de la Unión Europea, solo necesita un documento de identidad válido para entrar. Incluso para estancias de más de tres meses, no se requiere ninguna solicitud especial.

▶ **En Irlanda del Norte,** tras el Brexit y su implementación en octubre de 2021, se necesita un pasaporte válido para entrar en el país. Sin embargo, no se requiere visado para estancias de hasta seis meses.

Idiomas

La lengua oficial de Irlanda es el irlandés. Sin embargo, la inmensa mayoría habla inglés. Esto significa que, incluso en las regiones donde el irlandés aún se habla ampliamente (verá carteles de

QUÉ HACER / QUÉ NO HACER

Qué hacer

▶ **Saludar a todo aquel que se encuentre**, ¡incluso con el coche!

▶ **Escuchar música tradicional** en algun pub o en uno de los muchos festivales.

▶ **Degustar una Guinness,** la cerveza local más famosa del mundo.

▶ **Ofrecerse a pagar la ronda en el pub,** como hace todo el mundo.

▶ **Probar el pan irlandés**, el *soda bread*.

▶ **Fijarse bien al cruzar la calle** ¿Es necesario recordarle que en Irlanda los coches circulan por la izquierda?

▶ **Asistir a un partido de *hurling* o de fútbol gaélico**, en concreto, en el Croke Park de Dublín. Pregunte a su vecino (irlandés) que le explique las reglas del juego; no solo descubrirá un deporte increíble, sino que hará nuevos amigos.

Qué no hacer

▶ **Expresar opiniones firmes sobre política y religión.** Eso no significa que no pueda escuchar o hacer preguntas, pero cuando se trata de temas tan delicados, es mejor cuidar las formas (y tener algunos conocimientos). Lo mismo ocurre con la religión y el aborto, que siguen siendo temas muy delicados. Es mejor tratar de evitarlos.

▶ **Confundir** lo que es inglés y lo que es irlandés.

▶ **Escuchar música en un pub turístico**.

▶ **Olvidarse el paraguas o el impermeable** al salir.

«an Gaeltacht» por todo Connemara y Donegal, por ejemplo), un conocimiento básico del inglés es más que suficiente, sobre todo porque los irlandeses suelen estar muy dispuestos a echar una mano o mostrar el camino a un viajero.

es la temporada alta, cuando suben los precios. El resto del año se divide en semanas y fines de semana. Estos últimos requieren un poco de planificación, ya que el alojamiento suele saturarse y es mejor reservar con antelación.

Cuándo ir

La época ideal para visitar Irlanda es de mayo a septiembre, pero también

Salud

En Irlanda no hay riesgos sanitarios, por lo que no se recomienda ninguna vacuna.

Seguridad

▶ **Viajeros con discapacidad.** Irlanda está especialmente interesada en ofrecer la mejor acogida posible a los visitantes con discapacidad. La mayoría de los lugares públicos y turísticos son ahora accesibles para usuarios en silla de ruedas. Cada vez hay más hoteles y restaurantes adaptados.

▶ **Viajeros LGTBI.** La homosexualidad sigue siendo bastante tabú en Irlanda, incluso tras el referéndum de mayo de 2015 que permitió el matrimonio entre personas del mismo sexo, debido a la importancia que se concede a la religión en el país. Aun así, las cosas están cambiando poco a poco, sobre todo en las ciudades, y más concretamente en Dublín.

▶ **Viajar con niños.** Irlanda es un país muy fácil para viajar con los más pequeños. Hay muchas actividades de interés para toda la familia y, por supuesto, a menudo se ofrece a los niños (acompañados de sus padres) entradas reducidas o incluso gratuitas a lugares y atracciones.

▶ **Mujeres solas.** Irlanda no es un país peligroso, pero, como en todas partes, hay que estar alerta, sobre todo por la noche, ya que el alcohol sigue estando muy presente y las cosas pueden descontrolarse.

Teléfono

▶ **Indicativo interurbano:** + 353 o + 44.

▶ **Para llamar desde España a la República de Irlanda:** 00 + 353 + prefijo telefónico sin el cero + las cifras del número local.

▶ **Para llamar desde España a Irlanda del Norte:** 00 + 44 + prefijo telefónico sin el cero + las cifras del número local.

▶ **Para llamar dentro de la República de Irlanda:** prefijo telefónico con el cero + las cifras del número local.

▶ **Para llamar a Irlanda del Norte:** 028 + las cifras del número local.

▶ **Para llamar desde Irlanda a España:** 00 + 34 + el número entero.

▶ **Para llamar desde Irlanda del Norte a España:** 00 + 34 + el número entero.

En bicicleta por las calles de Dublín.

NDICE DE CONTENIDOS

INFO PRÁCTICA

EDICIÓN

Coordinación de la colección:
ALHENAMEDIA, Stéphan SZEREMETA, Dominique
AUZIAS y Jean-Paul LABOURDETTE

Autores: Baptiste THARREAU, Antoine RICHARD,
Jean-Paul LABOURDETTE, Dominique AUZIAS y otros

Director editorial: Francisco BARGIELA

Editora: Elena CODINA

Traducción y corrección: Iulia Maria Ciovica,
Matías GALLEGUILLOS

DISEÑO Y DIAGRAMACIÓN

Maquetación y montaje: María de los Llanos
ZOTES, Romain AUDREN, Julie BORDES,
Delphine PAGANO

Iconografía y cartografía: Anne DIOT,
Julien DOUCET

AUTORES Y CREADORES DE LA COLECCIÓN

Dominique AUZIAS y JEAN-PAUL LABOURDETTE
© Textos: Dominique AUZIAS
y JEAN-PAUL LABOURDETTE
© Mapas: Petit Futé
© Edición en español: Alhena Fábrica
de Contenidos y Petit Futé
© Traducción: Alhena Fábrica de Contenidos
y Petit Futé

Editado por **Alhenamedia** conjuntamente con **Les
Nouvelles Editions de l'Université,** 18, rue des
Volontaires, París, Francia.
Publicado originalmente en Francés por Les
Nouvelles Editions de l'Université bajo el título
Irlande.

▪ CARNET DE VIAJE IRLANDA ▪

ALHENAMEDIA
C/ Rabassa, 54, local 1. 08024 Barcelona
Tel. +34 934 518 437
alhenamedia@alhenamedia.info
www.alhenamedia.info

Cubierta: *Rock of Cashel.*
© Thomas Bresenhuber - Shutterstock.com.
ISBN : 978-84-18086-63-2
Depósito legal: B-5177-2025

Impreso en Portugal por
Gráficas Lidergraf.-

EU Ecolabel:
PT/053/001

RECOJA Y RECICLE EL PAPEL USADO